The Aims of Education

教育的本质

[英] 阿尔弗雷德·诺思·怀特海 著

刘玥 译

北京航空航天大学出版社
BEIHANG UNIVERSITY PRESS

图书在版编目（CIP）数据

教育的本质 /（英）阿尔弗雷德·诺思·怀特海著 ；刘玥译. -- 北京 ：北京航空航天大学出版社，2019.8
ISBN 978-7-5124-3037-2

Ⅰ. ①教… Ⅱ. ①阿… ②刘… Ⅲ. ①教育学一研究 Ⅳ. ① G40

中国版本图书馆 CIP 数据核字（2019）第 125116 号

教育的本质

责任编辑：曲建文　舒　心
责任印制：刘　斌
出版发行：北京航空航天大学出版社
地　　址：北京市海淀区学院路 37 号（100191）
电　　话：010-82317023（编辑部）　010-82317024（发行部）　010-82316936（邮购部）
网　　址：http://www.buaapress.com.cn
读者信箱：bhxszx@163.com
印　　刷：天津画中画印刷有限公司
开　　本：880mm × 1230mm　1/32
印　　张：4.75
字　　数：83 千字
版　　次：2019 年 8 月第 1 版
印　　次：2022 年 10 月第 4 次印刷
定　　价：45.00 元

如有印刷质量问题，请与本社发行部联系调换
联系电话 :010–82317024

作者小传

阿尔弗雷德·诺思·怀特海出生于英国南部肯特郡萨尼特岛上的拉姆斯盖特。他是英国著名数学家、哲学家和教育学家，过程哲学创始人。他创立了 20 世纪最庞大的形而上学体系。

怀特海有很深的家学渊源。他的祖父曾任当地一所私立大学的校长，父亲先后从事教育、宗教工作，对教育事业十分热心。良好的家庭背景，使他从小就对学习知识保持着强烈的兴趣。

怀特海 1880 年至 1884 年在英国剑桥大学数学专业上大学；1885 年至 1910 年在剑桥大学留校并任教，主要从事数学和物理专业的教学和研究工作；1903 年，当选为英国皇家学会院士；1911 年至 1914 年，在英国伦敦大学任教；1914 年至 1924 年，任肯辛顿帝国科技学院教授，从事应用数学的教学工作；1922 年，当选为亚里士多德学会会长；1931 年，当选为英国人文和社会科学院院士；1924 年至 1936 年，任美国哈佛大学哲学系教授；1937 年于哈佛大学退休；1947 年 10 月 30 日逝世于美国马萨诸塞州的坎布里奇。

怀特海一生著述颇丰，其教育思想对英、美乃至整个西方国家的教育有着重大影响。他与罗素合著的《数学原理》，是关于哲学、数学和数理逻辑的重要著作，代表了人类逻辑思维发展的一个里程碑，被学术界公认为永久的伟大学术著作之一。他的哲学著作《过程与实在》是过程哲学的奠基之作。其中的重要思想对哲学、物理学、生物学、生态学、心理学、经济学、教育学等学科都有着重要的指导作用。《教育的本质》是他的教育代表作，书中阐述的深刻的教育思想——教育的目的就是激发和引导学生的自我发展，对世界教育起到了指导和推动作用，闪耀着不朽的智慧之光。

前　言

《教育的本质》是英国著名数学家、哲学家和教育家阿尔弗雷德·诺思·怀特海的一本有关教育的文集。该书比较全面地反映了他的教育观点。

作者根据亲身体验，以及作为数学家和哲学家对生活的敏锐观察和思考，提出了一系列新颖而独到的教育思想和教育方法。本书集中反映了作者对教育的目的和本质的理解。他强调智力教育，提出学生是有血有肉的人，教育的目的是为了激发和引导他们的自我发展之路。他反对生硬地向学生灌输知识，反对任何遏制想象力的教学模式。

怀特海的教育思想和理念对英美等西方国家乃至全世界的现代教育理论的形成和发展以及教育实践都具有积极的推动和指导作用。

本书共七章。前三章主要探讨的是教育的基本理念问题，第四章至第七章分别从技术教育、数学和大学的功能等几个方面展开阐述。

在第一章“教育的目的”中，怀特海提到，一些学校在某个时期充满创造的活力，后来却迂腐而墨守成规。原因就在于，学校深受呆滞思想的束缚和影响。在教育制度中如何防止这种思想上的僵化陈腐？一是“不要教授太多学科”；二是“将教学内容讲透”。

在第二章“教育的节奏”中，怀特海认为，人的心智发展有其内在的规律，任何教育者都不能忽视和否认这些规律的存在，所安排的教育的内容和采取的方法必须符合教育的节奏性特点。而所谓教育的节奏，就是“教授适合他们的学科，并帮助他们采用适合他们的学习模式”。

在第三章“自由和训练的节奏”中，怀特海提到“知识”和“智慧”的相互关系。他认为，人的智慧是以知识为基础的，一个人可以轻易获得知识，但未必能轻易获得智慧。从“智慧”和“知识”的逻辑关系，引出了“自由”和“训练”的逻辑关系。他认为，“在理想的教育中，训练应当来自学生们的自由选择。而自由也应该在训练的帮助下获得更大的可能性”。

在第四章“技能教育及其与科学和文学的关系”中，怀特海认为，“一个理想的行业，工作即娱乐，娱乐即生活”，这种三位一体的思想就是技术教育的理想。也就是说，在现实生活中，人们的劳动应该与人们的心智和精神紧密结合，在相互渗透中共同发展。技术教育注重动手能力、手眼协调、随机判断，而生产制造过程中的判断能力来自对知识的自由运用。

在第五章“古典文化在教育中的地位”中，怀特海强调，在对待古典文化的学习上，学生可以通过观看图片在头脑中刻下历史的印记，了解人们的服饰、房屋、技术、艺术、宗教的嬗变过程，既不要把古典文化当成教育中需要大量阅读的专家课程，也不要让学生在毕业后对阅读古典文化变得淡漠。

在第六章“数学课程”中，怀特海认为，首先，数学教学要祛除晦涩深奥的教学模式，数学教学的根本目的是为了让学生学习抽象的思维方式，懂得理论的实际应用，掌握方法的恰当使用，而不是盲目罗列各种各样的数学公理，强迫学生死记硬背，应付各种毫无意义的考试。其次，数学教学不能只是停留在学习数、量和空间关系上，而是应该上升到哲学高度，让学生认识到数、量和空间的对立统一关系。

在第七章“大学及其作用”中，怀特海阐释了大学的教育功能，即大学是一个启迪思维、激发想象力的地方。“大学存在的原因是，使年轻人和老年人在富有想象力的学习中联合起来，从而在汲取知识和热爱生命之间建立联系。”而所谓“想象”，主要在于“新”字。知识的新颖可以体现在知识自身的更新换代上，也可以体现在知识应用的与时俱进上。

作者在以上各章中从不同角度论证了“教育的目的就是激发和引导学生的自我发展”这一核心命题，突出地表达了“要在教育中拒绝僵死的知识和呆滞的思维”的教育理念。

怀特海关于教育的目的和本质的精辟见解，闪耀着智慧的光芒，超越时代和地域。书中对教育高屋建瓴、切中时弊的论述和分析，对当今中国的教育、教育工作者以及学生、家长等都具有现实的启发和有益的指导作用。

编　者

目录

第一章　教育的目的

文化素养指的是思想活动，是对美和人类情感的融会贯通。零碎的信息与文化素养无关。一个人如果只拥有广博的知识，那他就是世上最无用、最无聊的存在了。我们的目标，应该是让人们既拥有文化素养，也拥有某方面的专业知识。如此一来，他们便能以专业知识作为自我发展的基础，在文化素养的引领下，达到哲学的深度与艺术的高度。我们要记住，自我发展才是有价值的智力开发，而这一过程主要发生在 16 岁到 30 岁之间。要实现自我发展，最重要的是母亲在孩子 12 岁之前对其进行的教导。坦普尔大主教[①]的话便是一个很好的佐证。有一个就读于拉格比公学[②]的男孩，小时候平凡无奇，长大后却取得了令人惊叹的成就。对此，大主教

① 坦普尔大主教（Frederick Temple，1821—1902），英国坎特伯雷大主教，教育改革家，曾任牛津大学讲师和拉格比公学校长。1896 年任坎特伯雷大主教，成为英国圣公会的精神领袖。——译者注

② 拉格比公学（Rugby school），创立于 1567 年的英国著名公立学校，英式橄榄球运动发源地。——译者注

表示：“重要的不是人们 18 岁时的样子，而是他们之后的成长。”

要训练孩童的思想活动，最重要的是我们必须弄清楚何为“惰性观点”——不经过运用、验证或与其他知识进行新的结合便接受的知识。

纵观教育史，最令人震惊的现象就是，有些学校曾因为栽培出天才而风光无限，但在之后的岁月里，却只培养出一些卖弄学问、墨守成规之辈。究其原因，是这些学校教授了过多的惰性观点。教授惰性观点的教育不但无用，而且有害。世界上最悲哀的事情，莫过于将最美好的事物染上瑕疵。除了一些思想碰撞活跃的罕见历史时期，大部分的时间里，教育都充斥着惰性观点。因此，那些未受过教育却聪慧过人、见多识广的女性，在步入中年之后会成为社会中最具文化素养之人——原因在于她们没有受到惰性观点的桎梏。每一次促进人类社会进步的知识革命，其实都是对惰性观点的强力反抗。悲哀的是，革命之后，教育者无视人类的心理特点，用新的惰性观点重新限制人们的思维。

那么，如今的教育体系该如何防范这类禁锢思想的现象呢？我们提出了两点教育原则：一是“不要教授太多学科”；二是“将教学内容讲透”。

如果每门学科的老师都只教一些皮毛，那么学生就只会被动接受一些零碎的知识，无法产生思想的火花。我们应该挑选少数重要的内容教给学生，让他们能够发散思维，举一反三。学生们要将这些知识完全吸收，明白如何将它们运用到实际生活中。从接受教育开始，学生们就应该体会到探索的奥妙，并且通过探索，理解生活中发生的种种事件。这里的“理解”不仅仅指的是逻辑分析，还包括一句法国谚语所表达的含义：“理解即包容。”迂腐者对于这类实用性的教育嗤之以鼻，但教育如果无用，它又如何能称之为教育？难道我们应该看着人们的才华被埋没吗？无论你的人生目标为何，你受到的教育都应该是实用的。对圣·奥古斯丁[①]来说是如此，对拿破仑[②]来说也是如此。教育是实用的，因为理解是实用的。

在此，我暂且不提书面教育应赋予学生怎样的理解能力，我也不想对古典或现代课程的相对优势发表评价。我只想说，

① 圣·奥古斯丁（Saint Augustine，354—430），古罗马基督教思想家，教父哲学的主要代表。著有《忏悔录》《论上帝之城》等。——译者注

② 拿破仑·波拿巴（Napoleon Bonaparte，1769—1821），法兰西第一帝国皇帝（1804—1815）。军事家，统帅。1799 年发动“雾月十八日政变”，组成执政府，自任第一执政官。1804 年加冕称帝，建法兰西第一帝国。颁布《民法典》（通称《法国民法典》）。——译者注

我们想实现的理解，应该是对当下事物的理解。那些来自过去的知识，唯一的用途就是帮助我们理解当下。对于年轻人而言，无视当下会对他们的思想带来致命的伤害。当下才是全部，才是圣土，因为它连接过去，导向未来。同时我们应该明白，一个时代，不论它存在于两百年前还是两千年前，它都已是过去。不要拘泥于日期的细枝末节。莎士比亚[①]和莫里哀[②]的时代，与索福克勒斯[③]和维吉尔[④]的时代一样，都属于过去。正如“圣徒相通”[⑤]，这场伟大而启迪人心的会面只发生在一处，那就是“现在”，圣徒们要跨越多长的时间才能参与这场会面并不重要。

现在让我们来分析教育的科学性与逻辑性。前面我们曾

---

① 威廉·莎士比亚（William Shakespeare，1564—1616），英国剧作家、诗人。文艺复兴时期最有代表性的作家之一。著有《奥赛罗》《哈姆雷特》《李尔王》《麦克白》等。——译者注

② 莫里哀（Moliere，1622—1673），法国剧作家、戏剧活动家，代表作有《无病呻吟》《伪君子》《吝啬鬼》《唐璜》等。——译者注

③ 索福克勒斯（Sophocles，公元前496—公元前406），古希腊三大悲剧作家之一，代表作有《安提戈涅》《俄狄浦斯王》《厄勒克特拉》等。——译者注

④ 维吉尔（Vergilius，公元前70—公元前19年），古罗马诗人，代表作有《埃涅阿斯纪》、《农事诗集》4卷和《牧歌》等。作品对欧洲文艺复兴和古典主义时期的文学影响较大。——译者注

⑤ 圣徒相通（communion of saints），基督教神学名词，该词希腊原文有两种含义：一为信徒受洗后共享教会成员的惠益；一为与众圣徒心灵交通。参见《基督教词典》，文庸、乐峰、王继武主编，北京：商务印书馆，2005年。——译者注

提到，学而不用很可能是十分有害的。这里的运用指的是将知识用于生活之中，用于日常的感观、感觉、愿望、欲望和能调节思想的精神活动。我知道有些人想要通过被动地回顾一些零散的信息，为自己的灵魂提供能量。但人性并不是以这样的方式形成的——当然，除了某些报社的编辑需要这样。

在科学的教学训练中，当我们遇到一种观点，首先要做的就是对其进行论证。我想先阐释一下“论证”的含义，即证明该观点的价值。如果包含该观点的命题是假的，那么该观点也就毫无价值。因此，要证明一个观点，最重要的就是通过实验检测或逻辑分析，证明其所属命题的真伪。不过在介绍某个观点时，对真伪的证明并不是首要之事。毕竟如果有权威教师支持该观点，该观点便值得我们介绍。第一次接触某些命题时，我们首先要做的是评估其重要性。长大后我们便是如此处事的——不会对某件事情进行严格意义上的论证，除非这件事很重要，值得这么做。狭义上的证明和价值的评估几乎可以同时进行。但如果要分一个优先次序，还是要将价值评估放在首位。

此外，我们也不应对命题孤立运用。在此我想强调，我并不是说我们应该用少数巧妙的实验来阐释并证明命题 1、然后用另一些巧妙的实验阐释证明命题 2、接着以此类推直到这本书的末尾。这样一来便毫无趣味可言了。我们应该将互相关联的真理进行整体运用，将多种命题以多样的顺序重复使用。对于某个理论课题，你应该先从该理论的运用中挑选一些重要的案例，然后将其与系统性的理论阐释一起研究。一定要确保你所采用的理论阐释是精辟且严谨的。如果阐释太过冗长，你就无法轻松、透彻、准确地掌握该理论了。对很多理论知识都一知半解并不是一件好事。此外，不要将理论与实践混淆。孩子们在学习时，应该明白自己何时在证明理论，何时在运用理论。我的意思是，得到证明的理论应该加以运用，而得到运用的理论——只要可行——就都应该得到证明。证明与运用是两回事。

接下来我要讨论的内容可能有些跑题。我们已经意识到，教育的艺术与科学需要教育者具备一定的天赋，也需要有属于自己的研究。这方面的天赋和科学研究所涵盖的并不只是科学或文学方面的细枝末节的知识。过去很少有人意识到这一点，因此一些独断的校长不去强调让教师加强文化知识的学习，反而要求他们通过用左手打保龄球或者学习踢足球的方式来提升自己。但文化不只是保龄球和足球，也不只是单纯的知识。

教育是教学生如何运用知识的艺术，这是一项非常难以传授的艺术。不论何时，只要教科书中包含真正值得教授的知识，就会有评论者表示这本书难以运用到教学之中。书本难教是必然之事。如果一本书教起来很容易，那它就该被丢进火盆，因为它不具备教学价值。教育与其他领域相同，所谓的捷径只会将你引入死胡同。教学中，书本或讲稿是这类捷径的体现，它们只能让学生将纸上的知识熟记于心，应对校外人士主持的考试。顺便我想提一下，如果学生在考试中要回答的问题既不是其授课老师提出的，也没经过授课老师的审核，那么这样的教育体系是不太可能成功的。校外评审员或许能对学校课程或学生的表现进行评判，但他们向学生提出的任何问题，都必须得到授课老师的严格指导，至少他们应该事先与授课老师详谈一番再设计问题。当然，这一法则也存在例外，但只能是例外，在总体规则不受影响的情况下是可以存在的。

现在让我们回到之前的话题——理论知识应该在学生的课程中得到重要的应用。这并不是一件容易的事。相反，它的难度极高。要做到这一点，我们必须保证知识的活性，防止变成一潭死水，这也是任何教育形式都面临的核心问题。

最佳的解决方法包含数个因素，任何一个都不可忽视，它们包括：教育者的天赋、学生的智力类型、学生的人生规划、学校环境能提供的机会，以及与其类似的其他因素。正是因此，统一的校外考试是非常有害的。我们谴责这类考试，不是因为我们喜欢与众不同，看不惯被社会所认可的事物。我们还没有那么幼稚。确实，这类统一的考试能帮助检验学生是否懒惰。我们之所以厌恶这类考试，是出于一个非常明确、实用的原因，那就是——它毁掉了文化中最优质的部分。如果你凭借经验来分析教育的核心任务，会发现教育的成功取决于对许多可变因素的精妙调整，这是因为我们面对的是人类的思想，那不是死物。学生的好奇心、判断力、对复杂环境的掌控力、在特殊情况下运用理论来洞察事态发展的能力——所有这些能力，是统一的教学规则所传授不了的，而考试科目安排表就是这类规则的体现。

所以，在此我想告诉务实的教师们，哪怕拥有良好的教学方法，你们还是可能将相当多的僵化知识灌输进学生的思想里。你或许能教会学生解二次方程，但这么做的意义何在？对于这个问题，人们通常回答："思想就如工具，工欲善其事，必先利其器。学习解二次方程就是锻炼思维的一种方式。"这种说法并非全错，否则也不会流传如此之久。但这种真假参半的说法犯了一个根本性的错误，这个错误可能会扼杀当代世界的天才。我不清楚第一个将思想比作毫无生气的工具的人是谁，但我知道他应该是古希腊七贤[①]之一，或者是他们一起提出的。不管第一个提出的人是谁，在接下来的年岁中，不断有杰出人士支持这一说法，使得该说法具备了不容置疑的权威性。但无论该说法有多权威，受到多高的评价，我依旧想毫不犹豫地站出来谴责它——它是教育理论中最致命、最严重、最危险的观点。人的大脑从来都不是被动的，它总是永不停歇地活动着，些微的刺激都能引起大脑的反应。你不可能先把思想明确化，再去解决问题。不论你想激发学生怎样的兴趣，都必须在此时此刻激发；不论你想强化学生怎样的能力，都必须在此时此刻强化；不论你想为学生塑造怎样的精神世界，都必须在此时此刻将其展现出来。这是教育的黄金法则，而且是一条很难遵循的法则。

该法则的难点在于，无论你如何揣度字句，学生对一般概念的理解、他们的思维习惯以及从思考中收获的乐趣都是任何文字也描述不了的。务实的教师都明白，教育是一个需要耐心的过程，必须通过一点一滴、长年累月的积累来把握

① 古希腊七贤，古希腊人所说的七个最有智慧的人。通常是指普林奈（小亚细亚）的拜阿斯（Bias）、斯巴达的开伦（Chilon）、林都斯（罗得岛）的克利奥布拉斯（Kleoboulos）、科林斯的拍立安得（Periandros）、密提利那（列斯保岛）的庇达卡斯（Pittakos）、雅典的梭伦（Solon）和米利都的泰勒斯（Thales）。——译者注

好细节。你不可能找到一条放之四海而皆准的原理来充当学习上的捷径。所谓“只见树木，不见森林”，说的就是这个道理。教育的难点就在于如何让学生通过树木了解森林。

因此，我所提倡的解决办法是消除学科之间泾渭分明的分界线，以维持现代课程体系的活力。教育只有一个宗旨，那就是向学生展现生活的所有层面。但我们却将生活拆得零散。我们教授代数、几何、科学、历史，但也仅限于书本知识而已；我们还教给学生多门语言，但他们却从未掌握；最无聊的是，我们教授文学，却只讲莎士比亚的戏剧，再附带一些文献注释和对剧情和人物的短评，然后让学生死记硬背。这样的课程表算得上是生活吗？算得上我们亲身经历的日常吗？充其量这不过是神明在创造世界时，在脑内快速浏览的造物清单而已，而那时的神明尚未决定如何将这些事物融合成一个世界。

现在我们再回看二次方程式的那个例子。前面提到的一个问题还没有得到解答，那就是我们为什么要教孩子解二次方程？除非在融合之后的课程体系中，仍存在二次方程的一席之地，否则我们就不需要教孩子解二次方程。而且，虽然数学在整个文化中应用广泛，但我认为，对许多孩子们来说，二次方程的解法属于数学中的专业知识范畴。在此我想提醒大家，我还未阐释这类专业知识涉及的心理学理论和教学内容。对于理想的教育来说，专业知识也是必不可少的。不过那都是题外话了，我只是想先声明一下，以免大家对我的回答产生误解。

二次方程是代数的一部分，而代数是我们测算数量的知识工具。世界上充满了数量关系，这是我们摆脱不了的。要让我们说的话有理有据，就要拿出具体的数字。你说这个国家很大——有多大？镭很稀有——有多稀有？所以人们不可能避开数量这一概念。你或许可以逃到诗歌和音乐中去，但之后你会发现，节奏和八度音阶都离不开数字。那些蔑视数量理论的知识分子自以为文雅，其实他们受的教育还不够。比起指责，我们更应该同情他们。因为在他们尚在学校读书之时，名义上学的是代数，实际上学的都是一些让人不知所云的东西。

代数变得让人不知所云，这个可悲的事实印证了一点——如果教育者不清楚自己想为孩子的鲜活思想赋予怎样的品质，那他进行的教育改革必然是无用的。很多年前，有人呼吁对学校的代数课程进行改革，但大多数人都认为加入图表就能弥补代数教学的缺陷。于是其他的教学方式被放弃了，老师们都用图表来教代数。在我看来，这种只用图表的教育方法没有任何意义。如今，每张试卷都会有一两个关于图表的问题。我个人是非常支持图表教学的，但我不禁思考，我们这么做成效有多大？如果你无法表明普通教育能对人们的理性或感性认识的本质特征产生何种影响，就无法将生活融入普通教育之中。这句话很晦涩，但也是事实。我也不知怎样才能将其说得更加通俗易懂。只要对教育形式进行些微的改革，你就会发现打败自己的其实是事物的本质。你的对手太过狡猾，它总是能瞒骗过你的眼睛。

所以，我们必须从另一个角度来进行改革。首先，你要确定世界上的哪些数量概念足够简单，可以被纳入普通教育之中；然后要制订一个代数教学计划，教学内容必须涉及在现实世界得到应用的例证。不要担心图表没有用武之地，只要你运用代数来认真研究世界，自然会用到很多图表。最简单的社会研究其实都会用到很多最为简单的图表。与学校教育中常见的枯燥无味的人名和时间列表相比，历史曲线显得更生动，也更高效。将一堆无人知晓的国王和皇后的名字列成一排有何意义？叫汤姆也好，叫迪克也行，叫哈里也罢，他们都已经不在人世了。把他们全部从历史的尘埃中挖掘出来是没有意义的，最好让学生在将来去细细研究。现代社会各种势力的量的变化能够非常简单地显示出来。同时，我们可以将变量、函数、变化速率、方程式及其解法和消元法单独拿出来作为抽象科学进行研究。当然，我现在只是将它们拿出来泛泛而谈，但在教学过程中，老师们应该通过重复简单的案例，将这些概念教给学生。

如果以这种方法进行教学，那么我们在教授从乔叟[①]到黑死病[②]、从黑死病再到现代劳工问题的历史发展过程时，就能将中世纪的朝圣故事与抽象的科学联系在一起，这两者便能从不同的方面展现生活这一主题。我知道，你们大多数人都在想，我所描述的方法并不是你们选择的，甚至你们自己也不清楚该怎么做。我认同你们的想法。我不是说，我凭自己就能实现我所设想的教学方式，但你们的反对恰恰证明为何统一的校外考试体系对教育来说是十分有害的。知识的运用能否成功展示给学生，主要取决于学生的特征和老师的天赋。当然，我并未将大多数人最熟悉的数学运用纳入考量，即涉及数量的科学学科，例如力学和物理学。

然后，在同样的关系中，我们还可以按照时间顺序绘制

---

① 杰弗雷·乔叟（Geoffrey Chaucer，1342 或 1343—1400），英国诗人、英国人文主义作家的最早代表，代表作有《坎特伯雷故事集》。——译者注

② 黑死病，14 世纪爆发于欧亚大陆，是人类历史上致命的传染病之一，在欧洲造成超过 2500 万人的死亡。——译者注

社会现象的统计图表。对于两种相关的现象，我们可以取消它们的时间。如此我们就能推断，事件之间的因果联系有多深，或者它们只是恰巧发生在同一时间而已。我们还可以按照时间维度，为两个不同的国家绘制统计表，之后通过选择合适的研究主题，我们就能得出显示事件之间的偶然联系的图表。当然，有的图表能显示因果关系。之后如果想要继续进行关联分析，我们可以采用这种方法持续研究下去。

但在运用这样的方法之前，希望大家能记住我一直强调的一点。首先，同一种思路并不适合所有的学生。例如，我认为心灵手巧的学生会倾向于更加具体、学习起来更加迅速的教学内容。或许这一想法是错误的，但我们应该做此考虑。其次，我不认为老师只要把课讲好就能带出一个优秀的班级。教育并非如此。学生必须努力研究案例、绘制图表、进行试验，直到他们完全掌握整个课程。我所介绍的是综合性的教学方法，即我们应该将学生的思想导向何方。我们必须让他们感到自己是在学习知识，而不是像跳小步舞一样，亦步亦趋。

最后，如果你的教学是为了应对某项综合考试，那么要取得良好的教学成果就是个非常复杂的问题了。你是否注意到诺曼式拱门上的锯齿形装饰？古代拱门上的这类装饰很漂亮，但现代仿制的装饰却非常丑陋。这是因为现代建筑者采用的是统一的图形模版，而古代的工匠们会融入个人风格，所以制作出的装饰有疏密的变化。同理，应试教育要求学生们不能偏科，但人类天生就各有长处。有的人善于从整体入手，有的人却偏向于从一两个案例入手。我明白，要以浩瀚的文化为基础设计一套课程体系，同时又要给每个孩子留下发展专长的空间，本身就是自相矛盾的做法。但如果事事都能毫无矛盾地展开，那这个世界未免也太简单、太无聊了。而且我相信，在教育中，如果你忽视了孩子的专长，便会毁掉他的人生。

现在让我们转向数学教育中的另一大分支——几何。几何教学的原则与代数相同。在讲解几何理论时，老师应该做到清晰准确、简明扼要，省略那些无法将知识点融汇在一起的命题，留下重要的根本原理。例如相似性和比例这类概念就不能省略。我们必须记住，几何能为我们提供图形辅助，因此在锻炼逻辑演绎能力方面是一个不可多得的工具。而且，几何绘图也能锻炼学生的动手能力和观察能力。

但与代数相同，几何和几何绘图的教学不应该只拘泥于几何理论。在工业社区中，机械制造和车间实习就是很好的延伸学习领域。例如，伦敦理工学院在这一方面就取得了瞩目的成功。对于中学而言，我的建议是将几何运用到土地测量和地图绘制中。尤其是平板仪测绘，它能让学生们亲身体会实际运用中的几何原理。其他简单的绘制工具，例如测链和指南针，能让学生们从田野的测绘上升到为某个小型地区绘制地图。最好的教育是让学生从最简单的设备中得到最多的知识。所以，复杂仪器的价值并没有人们认为的那么重要。通过为小型地区绘制地图，了解它的道路、轮廓、地质、气候、该区与其他区的关系，和对该区居民地位的影响。学生们可以学到更多的历史与地理知识，这些比珀金·沃贝克[①]的故事以及贝伦海峡的知识更为丰富。我并不想就这一话题发表长篇大论，只是想展示如何在正确理论知识的帮助下进行严肃调查，探知生活中的真相。典型的数学问题应该先对一片地区进行调查，然后以某一比例绘制地图，最后让学生们找出该地区在哪儿。还有一种不错的教学方法是，先给学生提供必要的几何命题，而不告诉他们证明命题的方式。如此一来，学生们在进行测绘的同时，自然就学会证明该命题的方式。

幸运的是，出于多方面的原因，专业知识的教育比普通

① 珀金·沃贝克（Perkin Warbeck，1474—1499），冒充王子的骗子。1485 年，亨利七世创立都铎王朝后，珀金·沃贝克冒充爱德华四世的二儿子，自称“理查四世”。被捕后被判处绞刑。——译者注

教育更简单。其中一个原因是，在两种教育中，许多教育原则和步骤是通用的，这里我就不赘述了。另一个原因是，专业教育一般开始于——或者应该开始于——更高级的教育阶段，所以实行起来会更加容易。不过最主要的原因是，专业教育通常基于学生们的某项兴趣。他们之所以选择该科目，是因为出于某些原因，想要学习该领域的知识。这是普通教育与专业教育最大的区别：前者旨在培养学生的思维活动；后者则旨在利用这些思维活动。但我们也不能太过强调两种教育的对立。正如我们所见，通过普通课程的学习，学生们可能对某一领域产生兴趣；反过来，通过专业知识的学习，学生们也可能对与之相关的其他领域的知识产生兴趣。

我还想再强调一遍，我们不可能通过一门课程来传授普通知识，然后通过另一门课程来传授专业知识。一方面，普通教育中的学科，是学生专门学习的专业学科；另一方面，鼓励学生进行综合思维活动的方式之一就是培养他们对某一专业的热爱。普通教育与专业教育是不可分割的。教育应该让学生深刻了解知识的力量、知识的美丽以及知识的结构，同时拥有足够的知识来了解生活的方方面面。

对知识结构的了解属于文化素养的一部分，只有通过专业学习才能获得。我所说的对知识结构的了解，指的是对整体知识和知识点之间的关系的掌握。只有专门学习才能让学生了解一般知识点的构成，了解它们之间的关系以及如何运用它们来领悟生活。受过此类训练后，学生们应该既能进行抽象思维，也能进行具象思维；既能理解抽象概念，也能分析具体事实。

最后，学生们还需要具备最为难得的精神品质，那就是对风格的感受。这是一种美学感受，来自人们对以一种简单的、没有冗余的方式直接达成某种预见目标的欣赏。艺术风格、文学风格、科学风格、逻辑风格、实践风格，所有这些风格都有着相同的美学特质，那就是实现和约束。学生对于某一门学科的本质的热爱，其实也是对在学习过程中体会到的学科风格的热爱，它不是那种不温不火如闲庭信步一般的爱。

现在，我们又回到了起点，即教育的实用性。准确来说，风格是人们通过教育获得的最后的特质，也是最重要的特质。它能渗透人们的整个生命。具备风格感的管理者会厌恶浪费；具备风格感的工程师会节约材料；具备风格感的工匠则会青睐优秀的作品。风格是人类精神的根本道德。

然而，在风格与知识之上，还存在一种难以阐释的、超越希腊诸神命运的存在，那就是“力量”。风格形成和约束着力量。不过，达成既定目标的力量是最重要的。首先是达到你的目标。先不要太过在意自己的风格，应该先把问题解决——“向世人证明上帝之道”，管理好掌管的省份，或者解决眼前的任何问题。

那么，风格有何作用呢？在风格的帮助下，我们可以专心实现自己的目标，而且是只实现自己的目标。在风格的帮助下，你可以对自己的行为进行预测，而这种洞察力是上帝赐予人类的最后一件礼物。风格能提升你的力量，因为它能让你专心致志，不被不相干的事情打扰。风格是专家独有的品质。业余画家或业余诗人有何风格可言？风格从来都是专业学习的产物，是专业化对文化的特殊贡献。

当今的英国教育缺乏明确的目标，而教育之外的机制也在扼杀教育的活力。因此，我一直在思考教育的目的是什么。在这方面，英国在两种观点面前犹豫不决——尚未决定是培养业余人士还是专业人士。19 世纪的世界所经历的一大深远变化，就是知识的增长提升了人们的洞察力。业余人士有一定的鉴赏能力，在日常工作方面也能展现出多种多样的才华，但他们缺乏专业知识才能塑造的洞察力。本次演讲的目的就是阐述如何在塑造专业人才的同时，保留业余人才的核心品质。我们的中等教育在本该变通的方面不知变通，在本该严格的方面毫不严格。所有的学校都在痛苦不堪地训练学生应付特定的考试。校长无法根据学校的教职工情况、教学环境、学生专长和财政情况，自由地发展普通教育或专业教育。我认为，任何旨在考察单个学生的外部考试体系都只会造成教育资源的浪费。

首先，接受考察的应该是学校而非学生。每一所学校都应该根据自己的课程安排，颁发专属的毕业证书。政府应该对这些学校的毕业标准进行抽样调查，对其不足之处予以纠正。对于教育改革，首要之处是以学校为单位，让学校能够根据自身需求，由自己的教职工设计课程，然后得到政府批准。做不到这一点，我们就会从一种形式主义落入另一种形式主义，从一类惰性观点落入另一类无用的惰性观点。

陈述无论在何种国家体系下，学校都是确保效率的真正的教育单位时，我也设想过以考察单个学生的外部考试作为替代体系。但是，正如斯库拉总与卡律布狄斯相伴①，教育改

① “斯库拉总与卡律布狄斯相伴”（Every Scylla is faced by its Charybdis），来自英语中的习惯语“在斯库拉和卡律布狄斯之间”（Between Scylla and Charybdis），意为进退两难、腹背受敌。斯库拉是位于墨西拿海峡（意大利半岛和西西里岛之间的海峡）一侧的一块危险巨岩，它的对面是卡律布狄斯大漩涡。在希腊神话中，斯库拉是六头十二臂的女海妖，与另一海妖卡律布狄斯分别驻守在狭窄的墨西拿海峡两侧。——译者注

革是一个进退两难的问题。如果监察机构有权根据严格的标准将学校分成两三大类，并要求每个学校根据自己的类别采用规定的课程体系，那教育所受到的打击同样会是致命的。我所说的以学校为教育单位，指的是以之为单位，不存在比它更大或更小的单位。每一所学校都必须有权考虑自己的特殊情况。出于某些原因，对学校进行分类的做法是必要的，但要给它们自主修改课程规划的权利。同理，大学院校和专业技术学院也应该有此权利。

当人们认真思考教育对国家年轻一代的重要性，意识到生活的失败、希望的破灭，乃至整个国家的败亡，都源自对教育的懈怠，试问谁不义愤填膺？现代社会有一条铁律——不重视智力教育的民族注定会走向灭亡。任何英雄主义、社会魅力、聪明才智或者军事胜利都无法阻止命运的脚步。如果今天我们故步自封，那么明天随着科学的进步，那些不重视教育的民族便无法获得命运的青睐。

第二章　教育的节奏

我所说的“教育的节奏”，指的是一个特定的原则。任何一个有教育经验的人都十分熟悉这个原则在实践中的应用，我相信你们对这个概念并不陌生。不过我认为，在该原则的运用方面，我们的讨论还不够。

首先，我想先以最直白的方式陈述我对教育的节奏的认识，同时清晰地向大家展示本章的要点。教育的节奏很好理解，就是根据学生的智力发展情况，教授适合他们的学科，并帮助他们采用适合的学习模式。你可能会说，这都是老生常谈的事了，所有人都知晓也支持这一原则。我强调它，一方面是因为读者会自己发现它；另一方面是因为，我认为大家在教育实践中运用这则显而易见的真理时，并没有充分考虑学生们的心理。

幼儿期的任务

有些老师在教学时，常常按照某些原则对课程进行先后排序。我认为这些原则并不一定合理。对于这些原则的解释也多是巧辩。首先是根据难易程度确定课程顺序的做法，我认为较简单的课程不一定就必须放在较困难的课程之前。相反，一些最困难的课程必须放在最开始教授，一方面是因为人的先天秉性要求我们这么做；另一方面也是因为这类课程对于学生的生活来说是非常必要的。婴儿所面对的第一个智力任务就是学会说话，将声音与语义对应起来。这是件多么困难的任务啊！因为它要求孩子同时分析语义和声音。但婴儿们做到了，这项奇迹般的成就也得到了科学解释。很多奇迹都是解释得通的，但智者依旧觉得它们是奇迹。我想说的是，面对如此明显的案例，我们实在不该继续将困难的学科推后。

幼儿面对的下一个任务是什么？是学会书面语言，即将声音与形状对应起来。天啊！我们的教育者都疯了吗？圣人们穷尽一生仍会感到气馁的任务，我们要让一群牙牙学语的6岁孩童去完成！此外，数学中最难的部分虽然是代数，但代数的教学必须早于相对来说更简单的微分。

在此我就不细说了，我只想再次强调：在教育实践中，推迟困难的学科并不可取。

另一种给教学内容排序的方法，是以事物的先后次序为准则。这种做法看起来似乎更为合理。你不可能还没学会认字就去读《哈姆雷特》，也不可能没学好整数就去学分数。但如果你细心审视，就会发现该做法并不一定站得住脚。只有当人们为学习内容定下人为的界限时，该做法才是正确的。人们都认可这种做法，因为它几乎是一则不可或缺的真理；但在实施时，人们却犯了错，这也是该原则的危险之处。你确实不可能在还没有阅读能力的情况下就去读荷马的史诗；但有很多孩子通过母亲或者一些游吟诗人之口，先于很多成年人接触了《奥德赛》，在传奇故事的汪洋中驰骋。一些愚昧的人为了管理之便，不加批判地以事物的先后次序为学习内容排序，让学习变得像撒哈拉沙漠一样干涸。

智力发展阶段

这次演讲之所以以“教育的节奏”为题，是因为我想批判另一个流行的观点。人们通常认为，学生的进步是匀速稳定的。一名男孩如果从 10 岁开始学习拉丁语，就一定能通过平稳的发展，在 18 或 20 岁成为一名古典学者。我认为，这种教育观点所仰仗的关于智力发展的心理学知识是错误的，严重影响了我们教学方法的有效性。人生是周期性的，它由各种周而复始的部分组成。我们要工作，也要娱乐；要活动，也要休息。春夏秋冬，提示着我们学期和假期的到来，寒来暑往，年年如此。这些显而易见的循环是所有人都无法忽视的。智力成长也有其更为隐秘的循环。虽然每个循环所包含的阶段是不变的，但各个循环之间仍然存在不同之处。因此，我才选择了“节奏”这个词语，它指的正是循环往复中的不同之处。对智力成长的节奏和特点关注不足，是教学效果不明显的主要原因。黑格尔将发展过程分为三个阶段，分别是“正题”、“反题”和“合题”①，我认为他的观点是正确的。不过如果要将该观点融入教育理论，我认为这三个阶段的名称并不太合适。就智力发展而言，我倾向于称这三个阶段为“浪漫阶段”、“精确阶段”和“综合阶段”。

① “正题”（Thesis）、“反题”（Antithesis）和“合题”（Synthesis），出自黑格尔的正反合理论。黑格尔认为一切发展过程都可分为三个有机联系的阶段：一、发展的起点，原始的同一（潜藏着它的对立面），即“正题”；二、对立面的显现或分化，即“反题”；三、“正反”二者的统一，即“合题”。——译者注

浪漫阶段

浪漫阶段指的是人们刚刚理解某项事物的阶段。此时人们对事物还拥有新鲜感。粗略地一瞥让他们得以窥见事物内部拥有无限可能的各类联系，但要想彻底将其掌握，还需要大量的材料。在这一阶段，掌握知识的步骤并非系统性的，这类系统是一点点搭建起来的。在这个阶段，学生对事物的认知来自直接的接触，只是偶尔会对其进行系统性的分析。当学生对某一事物的认知不只局限于表面的认识，开始对其蕴含的联系有所领悟，由此产生的激动情绪便是这一阶段所指的浪漫情感。例如，对于刚开始读《鲁滨逊漂流记》的学生们来说，鲁滨逊·克鲁索只是一个人，沙子只是沙子，脚印只是脚印，岛屿只是岛屿，欧洲也不过是一个喧嚣的世界而已。但当他们忽然意识到其中蕴藏的若隐若现的可能性，将克鲁索、沙子、脚印以及与远离欧洲的孤岛联系起来，浪漫感便产生了。这个例子虽然极端，但很清晰地展示了发展循环的第一阶段。从根本上来说，教育必须是梳理学生脑海中纷杂的思想的过程：如果他们的脑中空白一片，是无法进行教学的。在我们的教育理念中，通常将其视为发展过程循环的第二个阶段，即精确阶段。但如果对教育做这种限制，我们必然就会对整个智力发展过程产生误解。我们要对学生们脑中纷杂的思想、掌握精确知识以及最终开花结果给予同等的关注。

精确阶段

精确阶段也是知识增长的阶段。在这个阶段，学生脑海中纷杂的知识联系开始从属于阐述的精确性。这是学习基本原理的阶段，包括语言的语法和科学的法则。学生们将一点点学会如何对事实进行分析。他们会接触新的事实，并通过分析吸纳这些事实。

没有浪漫阶段的积累，学生们在精确阶段将一无所获，因为没有对客观事实的大致了解，就无法进行分析，只能牵强地对事实进行无意义的陈述，无法使其形成进一步的关联。我再强调一遍，在这一阶段，我们不能仅仅停留在浪漫阶段积累的事实之中。浪漫阶段的事实揭示了具有广泛意义的思想，而在精确阶段，我们将条理化、系统化地了解客观事实，从而对浪漫阶段获得的对事物的一般性认识进行挖掘和分析。

综合阶段

最后的综合阶段即黑格尔所说的“合题”，指的是在对所学知识进行系统分类并获得相关技能之后，重新回归浪漫阶段。这便是精确训练的目标，是我们所追求的最终的成功。我的这番分析或许枯燥无味，但为了让大家对这三个循环阶段的特点有一个清晰的了解，从而理解我接下来的分析，这都是必要的。

循环过程

教育应该是这三个阶段的不断循环。小到每一堂课都应该形成一个螺旋循环，生发出小的循环过程。越长时间的教育过程越应该实现一定的教育成果，作为新循环的起点。我们不应该为教育立下一个不现实的遥不可及的目标，而是通过满足学生们阶段性的需求，刺激他们的求学欲，让学生不断体会收获的喜悦，然后重新开始新一轮学习。

当儿童开始对事物及事物之间的联系有所了解时，他们就进入第一个浪漫阶段。此时儿童的智力发育表现在思维感知和身体活动的协调方面。当儿童懂得用口语将认识的事物进行分类，并加强与其他存在的情感联系时，就进入第一个精确阶段。第一个综合阶段则出现在儿童用语言表达分类的、更为广泛的对事物的欣赏之时。

从感知的获取到语言的习得，再到分类思维和更为敏锐的感知，这是人类的第一个智力发展循环，需要我们进行更为详细的研究。这也是我们能在自然状态下观察到的唯一一个智力发展循环。接下来的循环将不可避免地受到现有教育模式的影响。在第一个智力发展循环中，我们能实现彻底的成功。遗憾的是，接下来的教育并不具备这一特征。第一个智力发展循环结束时，孩子们学会了说话，能对已有的知识进行分类，感知能力也变得更加敏锐，该循环的目标就此达成。大部分学生所接受的多数教育体系都无法实现如此彻底的成功。为什么呢？我们在前面也提到过，一个刚刚出生的婴儿要实现如此巨大的智力发展，几乎是不可能的。我认为，这是因为婴儿周边的自然环境为孩子设定了一个任务，而正常发育的大脑正好能完成这一任务。我并不认为孩子们能学会说话与思考是出于某种神秘的原因，但这类行为确实值得我们认真思考。

在接下来的教育中，智力发展的循环过程并不一定要在一定的时间和范围内实现彻底的成功。这类成功是婴孩智力发展的自然循环阶段的一大突出特征。接下来，我们会让孩子学习某一学科，例如在他们 10 岁时教拉丁语，并希望他们能通过统一教育体系的正式训练，在 20 岁时学有所成。当然，结果必然是失败的，孩子们不但兴趣被磨灭，获得的成就也不大。我所说的失败，指的是相对于第一个自然循环阶段的巨大成功而言的失败。这一失败的产生，并不是因为我们定下的任务有多么艰难——婴孩们在第一个自然循环阶段所面临的任务更为艰巨——而是因为我们的任务是违背自然的，这一学习过程是没有节奏的，无法通过阶段性的成就激励学生，也无法使他们全身心地投入学习。

婴孩们在学习过程中有一大显著特征，那就是他们会专心致志地投入智力发展的循环，没有什么事物能分散他们的注意力。这也是智力的自然发展循环和接下来的人为教育循环之间的一大显著差异。生活是丰富多彩的，人的智力与大脑经过自然的发展，当然能适应这个多姿多彩的世界。考虑到这一点，在每一个后期教育循环中，我们都应该帮助学生保留一定的专注度，尤其不能在同一个循环阶段，让不同的学科争夺他们的专注度。旧式教育的问题在于过于专注一门单一学科，丢失了教育的节奏。现代教育体系则坚持进行初级的普通教育，任由人们将知识划分成不同的学科，分散学生的注意力，最终只能获得零散的知识碎片，同样丢失了教育的节奏。我希望我们能对各类教学内容进行调整，形成对学生的理解有内在价值的小的循环过程，从而使他们的脑中生成和谐的思考模式。我们必须等到时机成熟再行收获。

青春期的浪漫阶段

接下来我们将把前面所提到的观点运用到具体的案例之中。

幼儿期的第一个循环结束后，青春期的循环便开始了。到目前为止，这个循环开始于我们所经历的最浪漫的阶段，因为孩子的性格正是在这一阶段形成的。孩子们在这一阶段的经历将影响他们的理想与创造力，塑造接下来的一生。在上一个循环的综合阶段中，孩子们通过对口语与阅读的学习，对获得的能力进行整合，之后很快便进入青春期的浪漫阶段。幼儿期循环的综合阶段相对短暂，是因为该时期获得的浪漫信息本就不多。在第一个幼儿期循环结束后，孩子们才真正开始认识这个世界，由此便开始了漫长的青少年浪漫阶段。观点、事实、关系、故事、历史、可能性以及具有文字、声音、形状和颜色的艺术品统统涌入孩子的生活之中，唤起他的感情，激发他的鉴赏力并激励他从事相关的活动。遗憾的是，在这样一个黄金年龄段中，孩子们却常常处于填鸭式学习的阴影之下。这里我指的是 8 岁到 12 或 13 岁这个年龄段。此时是孩子可以运用母语、观察力和操控力的重要时刻。幼儿不懂安排事情，青少年懂；幼儿不懂观察事物，青少年懂；

幼儿不懂如何组织语言来记录自己的想法，青少年懂。因此，此时的孩子进入一个新的世界。

精确阶段不断以小周期的形式出现，掺杂在浪漫阶段中，从而使自身积累知识的精确阶段得到延长。书写、拼写和数学能力的完善，以及对一些简单的客观事实的了解，都是很精细的知识，不但能培养孩子们的专注力，其本身也是很实用的知识。然而，这些知识本身是碎片化的，而青少年的浪漫阶段将带领孩子走入精神的世界。

蒙台梭利[①]教育法的成功之处就在于，它认识到了青少年的浪漫阶段对其成长的重要性。如此说来，这也是该方法的局限之处。从某种意义上来说，该方法对于所有浪漫阶段都是必要的。其核心在于鼓励孩子浏览信息，提出新颖的想法，但缺少精确阶段所必要的克制。

① 蒙台梭利（Maria Montessori，1870—1952），意大利女教育家。她认为应该把教育看作促使儿童内在力量自我发展的过程，强调让儿童自由活动。她认为让儿童进行各种感官练习是儿童获得知识的基础，并创制了一套进行各种感官练习的教具。她主张让儿童广泛参与日常生活技能练习、从事园艺活动与手工作业。著有《蒙台梭利方法》《童年的秘密》《有吸收力的心灵》等。——译者注

语言的掌握

在这个重要的浪漫阶段即将结束时，孩子们将进入可以学习精确知识的发展阶段。此时，语言自然就成了他们专心学习的科目，因为他们非常熟悉这一表达模式，已熟读展现他人生活和异域文化的故事、历史和诗歌。因此，从 11 岁开始，孩子们会将越来越多的精力放在对语言的精准知识的学习上。在 12 到 15 岁的这 3 年里，他们会主攻语言，达成特定的目标。我认为，通过这些年的学习，加上孩子们投入的精力，在这一阶段结束时将熟练掌握英语，流畅地阅读简单的法语，并且掌握一定的拉丁语基础。这里的拉丁语基础知识包括简单的拉丁语语法、句法知识，学生们还应该具备阅读一些拉丁语作品的能力。不过这些作品可能是简写过的，而且有大量的优质翻译作为辅助来帮助孩子们理解拉丁语原文。我认为，对于一般孩子来说，要在这三门语言上达到这种程度的成就，并非强人所难。不过，前提是他们不用分散自己的精力去精确学习其他的学科。一些天赋高的孩子还能走得更远。对他们来说，拉丁语并不难学，所以如果他们对文学感兴趣，且计划在将来数年里继续这方面的学习，他们可能在这一阶段结束前就开始学习希腊语。其他的学科在这一阶段的学习安排中将处于次级地位，并以不同的方式进行学习。首先，我们要记住，与文学类似的科目（例如历史）很大程度上是被涵盖在语言学习之内的。学生们在阅读英语、法语和拉丁语文学时，必然会接触到关于欧洲历史的知识。我并不是说要放弃专门的历史课程，我的意思是，这类学科应该以一种浪漫化的方式进行教学，即学生们不用系统性地记忆大量的精准细节。

在这个成长阶段，学生们对科学的学习也进入浪漫阶段。他们应该用支离破碎的精确思考亲身观察，亲自试验。不论是从理论角度还是从技术运用角度，科学的重要性都在于具体的运用上，每一次运用都能带来值得研究的新问题。所以，所有的科学教学都应该始于研究，并终于研究，在自然的环境中，理解研究事物。至于在这个阶段，我们应该给予学生怎样的指导，让他们进行多少实验，这都要根据教师们的经验而定。但我希望大家能明白，这一年龄段是学生们在科学学习方面的浪漫阶段。

专注于科学

当孩子到了 15 岁，语言的精确阶段和科学的浪漫阶段就要结束了，之后便是语言的综合阶段和科学的精确阶段。这一阶段很短暂，却至关重要。我认为，这一阶段将持续大约一年时间，我们必须调整以前的教学安排，将重点放在科学学科上，同时减少语言科目的教学。以先前浪漫阶段的积累为基础，通过一年的科学学习，每一个学生都应该了解支配力学、物理学、化学、代数学和几何学发展的主要原理。他们必须明白自己不是刚开始接触这些学科，而是将自己脑中杂乱的知识以精确的方式组合在一起。例如，以我比较熟悉的代数和几何为例。在前一个阶段的 3 年里，学生们已经尝试将最简单的代数公式和几何命题运用到测绘或者涉及数学的科学工作之中。通过强调精准的数字结果，学生的数学能力得到了提高，对用字母表达的公式和几何性质的概念也更加熟悉，还学会了一些次要工具的操作方式。如此一来，学生们就不用再浪费时间熟悉科学概念了。他们已经准备好学习少量应该完全掌握的代数和几何知识。此外，在上一个阶段，有些孩子可能已经展现出在数学方面的天赋，学习上可能已经超前了。所以在这一年里，我们就可以加强他们的数学学习，减轻来自其他科目的压力。学生们的天赋也可能表现在其他学科上，这里我只是以数学为例。

与此同时，语言学习的循环也进入综合阶段。在这一阶段，对语法和写作的精确学习可以停止了，学生们应该开始着重研究文本的思想及其历史背景。同时，历史学习也将进入对于某一短暂时期的精确研究阶段。选择历史时期是为了确切说明某一重要时期确实发生的事情，同时让学生就该时期的人物与政策做出简单的评价。

现在，我已经根据生命的节奏，为孩子们制订了从幼儿期到 16 岁半的教育大纲。根据这一大纲，学生们能在普通教育阶段同时保持学习的专注度和新鲜感。如此一来，学生们了解某些知识后，便会希望能更加深入地进行研究，从而进入精确阶段。每个学生都会依次专注于不同的学科，并明白自己的长处在哪儿。最终，理科学生既能了解可贵的文学知识，还能在可塑性最强时，早早养成在科学研究中独立思考的习惯。这也是我最为重视的一个目标。

当孩子到了 16 岁，问题也跟着产生了。对文科学生来说，科学学习进入综合阶段，教学形式以课堂为主，内容为科学领域的主要研究成果和一般性的概念。语言、文学和历史的学习也进入新的循环阶段，但他们还不用接触新的细节知识。对于理科学生来说，上一个精确阶段将一直持续到中学毕业，他们将不断接触更为广泛的知识。

然而，这个教育阶段的问题在于太过个人化了，即学生的学习模式太过多样化，无法从整体上进行指导。不过，我还是建议科学家们坚持学习法语，并且开始学习德语。

大学教育

现在，我谈谈那些与大学教育有关的思想观念的重要性。

从婴儿到成年的成长阶段是一个大的循环。其中，浪漫阶段涵盖了前 12 年的时间，精确阶段涵盖了中等教育时期，而综合阶段则涵盖了人们刚刚步入成年的时期。对于那些中学毕业后继续接受教育的人们来说，大学教育以及与之对等的教育形式便属于智力发展的综合阶段。大学的学习，应该是以综合过往所学知识为主的。大学生应该熟悉老师所讲的知识细节和研究步骤，至少通过过去的训练，能轻松地掌握大学的教学内容。中学期间，学生们一直伏案学习；到了大学，他们应该抬起头来，观察四周。因此，如果在大一期间，学生们依旧按照过去的学习方式，将时间浪费在已经学过的知识上，这对他们的大学阶段的学习来说是极为有害的。中学期间，学生们艰难地从特殊事实过渡到一般原理的学习；到了大学，他们应该将一般原理运用到具体的案例中去。精心规划的大学课程应该涵盖广泛的一般原理。我并不是说大学课程应该脱离具体事例进行抽象的教学，而是说对具体事例的学习应该让学生们明白一般原理的应用范围。

智力的培养

大学教育应该将理论兴趣与实际运用相结合。无论你将怎样的细节知识灌输给学生，他们在将来的生活中遇到相同情况的概率微乎其微。就算遇到了，他也可能早就将所学的知识忘得一干二净了。因此，真正有用的训练将帮助学生彻底理解一些普遍原理，让他们可以将其运用到各式各样的具体实践之中。在接下来的训练中，他们可能会忘记你所传授的具体的知识，但他们潜意识里依旧会记得如何将理论运用到周边环境之中。你所学的知识是无用的，除非你能丢掉书本，毁掉笔记，忘记自己为了应付考试而死记硬背的细枝末节。那些你经常需要用到的细节知识将一直停留在你的记忆中，如日月一般永恒；而那些偶然需要使用的知识可以从任何一本参考书中找到。大学的作用，是帮你褪去知识的细节，掌握本质的原理。我所说的原理不是诉诸口头的规则，不是向他人宣告的声明，而是一种完全浸透到生命中的思维习惯，是大脑面对特定刺激时的反应方式。没有人会清晰和有意识地照着知识的引导处理问题。智力的培养，指的不过是塑造合适的思维方式，让人们能用令人满意的方式应对问题。我们常把学习比作翻阅所看过的书本，当我们遇到问题，就会翻到正确的那一页，将书上的内容向世界宣读。

幸运的是，事实并非如此。因此，纯粹的书本知识和专业的实践技能之间的关系，并不像某些错误的教育观念所说的那样，是极度对立的。换句话说，大学教育的最终目的并非知识，而是能力，它的作用是将孩童的知识转换为成人的能力。

智力发展的节奏特点

最后，我想提醒大家两点。

第一，本章重点是讲智力发展的节奏特点。人类的内心生活就像一张脉络密集的网一样，每个人的这张网都以不同的速度扩张着，这些线不是均匀编织在一起的。为了向大家展示这一点，我举了一个在理想的教育条件下，孩子却表现平平的例子。或许是我对真实情况有所误解，毕竟佐证这一观点的证据太过复杂，分析起来也很困难。不过，请不要因为我在这方面的失败而对我想要阐述的主要观点产生偏见。

智力的发展是有节奏的，它由交织在一起的多个循环构成，整个发展过程本身受到一个与这些小循环相类似的重要循环的支配。而且，这一节奏的原理是可以通过研究探明的，并且适用于大部分学生。因此，我们的教学方式应该适应学生智力发展的节奏。课程安排的问题不在于如何给各个科目排序，因为学生在智力刚开始萌芽时，就应该对所有学科有所接触。真正重要的是对教育过程中的特征进行排序。

第二，我想请大家不要过于夸大这三个循环阶段之间的差异。我认为，听完我对这三个阶段的阐述后，你们中应该会有许多人抱怨说：只有数学家才会做出这样的细分！我想告诉大家，如果我给你们留下了这样的印象，不是因为我太过拘泥于数字，而是因为我的文字表达能力不足。我的意思是各阶段的侧重点不同，浪漫阶段、精确阶段和综合阶段是贯穿始终的，但它们会交替处于主导地位，而正是这一交替构成了智力发展的循环。

第三章　自由和训练的节奏

理想的消失证明了人类的失败，这是一个可悲的现象。在古代的学园里，哲人们试图向人们传递智慧。而如今，我们只有一个更为卑微的目标，那就是教授学科。从古人追崇神圣智慧向现代人获取各个学科的书本知识的堕落，标志着横跨了数个时代的教育的失败。我并不是说，古人的教育比现代更加成功。读一读卢奇安[①]对哲学家自命不凡的主张所进行的戏剧化讽刺，你就会发现古人的教育并不比我们优越。我想说的是，在欧洲文明诞生之初，人们满怀为教育带来启发的理想，但渐渐地，理想开始没落，最终向现实看齐。

如此一来，教育便会停滞不前。只要我们还将智力教育看作对机械性的脑力能力和公式化的实用知识的获取，就无法取得进步，不论我们为了弥补时间的不足做出多少努力，

① 卢奇安（Luciano，约 125—约 180），古罗马散文作家、哲学家，其作品多具有讽刺笔调。——译者注

耗费多少精力去漫无目的地修改教学大纲。我们必须承认，上帝创造了世界，这个世界充满了各式各样的知识，一个人即便穷尽一生都不可能完全将其掌握。将人们必须掌握的科目罗列出来的做法是无用的，因为那实在是太多了。或许，出现知识过剩的现象反而是好事，因为如果人们不了解一些重要的真相，世界对他们而言反而会更加有趣。我想告诉大家的是，虽然传授知识是智力教育的一大目标，但还有另一个元素不容忽视；它不如知识那么清晰，却更加重要，古人称之为“智慧”。没有一定的知识作为基础，你不可能获得智慧；然而，你可能很轻易地就能学到知识，却没有任何智慧可言。

智慧指的是运用知识的方式，包括如何处理知识，如何选择知识解决相关问题，如何运用知识来为我们的经验增添价值。这种对知识的掌控便是智慧，是我们所能获得的最充分的自由。古人比我们更加清楚用智慧来掌控知识的必要性。然而，遗憾的是，他们在实际的教育中，在追求智慧的过程中，可悲地犯了错。简单来说，他们普遍认为，让哲人们对着年轻人侃侃而谈就能传递智慧。因此，古时的学校里总是聚集着很多哲人。通往智慧的唯一道路，是让学生在知识面前享有自由；而通往知识的唯一道路，则是通过训练，让他们学习梳理好了的事实。自由和训练是教育中的两大基本元素，因此本章的主题为“自由和训练的节奏”。

在教育中，自由和训练的对立并不如这两个词语在逻辑上的对立那般强烈。学生的大脑是一个不断成长的有机体。一方面，它不是一个可以胡乱堆置陌生概念的盒子；另一方面，对正处于发展阶段的大脑来说，有条理的知识才是自然的养料。因此，在理想的教育中，训练应当来自学生们的自由选择，而自由也应该在训练的帮助下获得更大的可能性。自由和训练并非两个对立的原则，我们应该根据学生性格的自然发展调整这两个原则，我将这一调整称为教育的节奏。我相信，过去一些令人失望的教育上的失败，都是因为人们忽视了这一节奏的重要性。我认为，在教育的最初和最后阶段，自由都占据着主导地位，但在中间阶段，训练应该处于自由之上。此外，从自由到训练再到自由，这三个阶段并不是界限分明的，所有的智力发展都以这类大循环和小循环构成。一个循环就像是一个细胞或者一块砖瓦，整个智力发展阶段就是这类细胞的有机构成。在分析这类细胞时，我将第一个自由阶段称为“浪漫阶段”，中间的引导阶段称为“精确阶段”，最后的自由阶段则称为“综合阶段”。

现在让我更详细地阐释一下我的想法。如果孩子没有兴趣，就无法实现智力发展。兴趣是集中精力、获得领悟的必要条件。你可以通过强硬手段逼迫孩子产生兴趣，也可以通过愉快的经历诱发孩子的兴趣。没有兴趣，就没有进步。自然状态下，生物体只有在快乐的驱使下才能实现适合自己的发展。幼儿之所以能适应环境，是因为他们得到来自母亲和其他照料者的关爱。我们之所以进食，是因为我们喜欢食物。我们想要征服自然，是因为无穷的好奇心驱使着我们去探索世界。我们还喜欢运动。我们享受厌恶危险敌人时所产生的异教徒的激情。毫无疑问，痛苦是驱使有机体有所行动的一种次要方式，但只有在快乐失效时，它才能生效。快乐是激发生命力的正常健康的方式。我并不是说我们可以放任自己及时行乐。我的意思是，我们应该让孩子的个性沿着自然、快乐的道路发展。老师的引导应该带来长远的益处。不过，要想同时保留孩子的兴趣，也不能将目标定得遥不可及。

我还想指出一点，空洞的知识是无用的，甚至有害的。知识的意义在于应用，在于我们对它们的灵活掌握，即我们所说的“智慧”。我们经常只谈论知识，不谈论智慧，就好像知识能拔高其所有者的身份一样。我并不认同这种对知识的崇拜。重要的不是知识，而是拥有知识的人和运用知识的方式。如果人们无法通过知识的运用，将每一阶段的直接经验转化吸收，那么知识就无法给人们带来益处。因此，考虑到知识的活性，我们在教育中过度强调对学生的训练是非常有害的。只有给予学生足够的自由，他们才能养成积极思考的习惯，得出新颖的观点。一味地强调训练学生，将束缚学生的思维，不加区分的训练使大脑变得麻木，从而无法达到训练的目的。如果经常接触刚从中学或大学毕业的学生，你很快就会发现，有些人因为学习了过多的惰性知识而使大脑迟钝。在英国社会中，这种对学习的可悲论调导致我们在教育上的失败。此外，过于急迫地传授单纯的知识，反而阻碍了教育的成功，人类的大脑是排斥这种教育方式的。强硬地将梳理过的知识灌输给学生，只会消磨他们对增长见闻、动手实践的渴望。老师的训练应该满足学生们对智慧的自然渴望，因为智慧能让单纯的经验变得有价值。

现在，让我们更加仔细地观察，人类智力的自然渴望有着怎样的发展节奏。当一个人来到新的环境，他的大脑会被一堆混乱的观点和经验包围，处于一种发散的状态。这是一个探索的过程。在这一过程中，人们会有很多稀奇古怪的想法，会提出问题、寻找答案、发掘新体验，并通过新的探索有所收获。这个一般过程是自然而然的，同时也极具吸引力。我们时常能看到 8 岁到 13 岁的孩童被这一过程所吸引。这是一个惊喜连连的过程，那些破坏这些惊喜的愚人应该受人唾弃。毫无疑问，这一发展阶段是需要外界帮助的，甚至需要他人的训练。孩子的大脑所处环境必须经过严格挑选。该环境必须适合孩子所处的成长阶段，也必须满足孩子的个人需求。从某种意义上来说，这一环境是外界强加给孩子的；但从更深层次的意义上来说，它又回应了孩子对生活的渴望。在老师眼里，孩子是在他的要求下，通过望远镜观察星空；而在孩子眼里，他们其实获得了一个自由体验壮美宇宙的途径。然而，如果这种外界营造的日常环境只要稍微变质，即便是最不敏感的学生也能有所察觉，随即他们会拒绝接纳外界的知识。我们必须记住，教育不是往箱子里放置物品的过程。这种比喻完全不对。如果非要打个比方，那最贴切的比喻应该是将教育比作生物体对食物的消化过程。我们都知道，如果要保证身体健康，就必须在合适的环境下摄入美味的食物。把靴子放进箱子，靴子会一直待在那里，直到把它拿出来；但如果你给孩子喂了错误的食物，情况就没这么简单了。

最初的浪漫阶段需要另一种指导方式。毕竟孩子是千百年文明的继承人，让他们去揣测冰河时期原始人的思想显然是没有意义的。因此，我们必须向他们提供重要的事实、简化的观点和常见的人物，强化学生自然产生的学习动力。不论处在教育的哪个阶段，都不可能摆脱自由和训练两大元素。

但在浪漫阶段，我们要将重点放在自由上，让孩子们自由地观察和实践。我想指出的是，如果在智力发展的浪漫阶段结束之前，我们将精确阶段的训练强加在孩子身上，就会阻碍孩子对概念的吸收。剥夺发展的浪漫阶段，孩子们就无法有所领悟。我相信，过去的教育之所以会出现如此多的失败，是因为我们对浪漫阶段的研究还不够详细。没有浪漫阶段的冒险，孩子们充其量只能获得毫无活力的惰性知识。在最糟的情况下，他们还会一无所获，甚至蔑视概念。

然而，如果孩子们在这个浪漫阶段能得到适当的引导，他们就会产生另一种渴望。当他们积累起经验，最初的新鲜感便会消退，同时，也会对事实和理论的基础有一个大概了解。他们能够在直接经验中进行大量的独立观察，还可进行许多思想和行动上的尝试。此时他们已经能够从精确知识中获得启发了，因为这些启发符合他们所掌握的常识，与他们熟悉的知识有关。现在，是时候让孩子们再进一步，对某一科目产生更加精确的认识，同时记住该事物的显著特征。这便是精确阶段。这一阶段是唯一被纳入传统教学计划之中（不论是中学还是大学）的阶段。学生们要做的就是学好课程，此外便再无教育可言。这种将智力发展必要的精确阶段过分延长的做法，最终只会产生大量的书呆子。只有少数学生能在这种如奎师那的神车[1]一般难以阻挡的压力下，依旧保留自己的兴趣。当然，教师们总是希望能教给学生更多的事实和精确理论，即便这些知识超出了这一阶段学生的承受能力。如果他们能将这些知识消化的话，那自然再好不过。但这些中小学校长和大学教师常常会忘记一点，那就是在教育中，我们不过起着次要作用而已。等时机成熟，学生们自然会在未来的生活中学到那些知识。成长的步伐是有很大局限的，揠苗助长并不可取。遇到经验不足的教师，脆弱的幼苗很容易就会被摧毁。不过，说了这么多需要注意的地方，我们还是要向前迈进，让学生们掌握基础的知识细节、特定的普遍原理以及一些容易掌握的技巧。要在现代社会中有所作为，人们必须具体掌握优秀的练习方法，这是我们无法回避的事实。要写好诗歌，你必须学习韵律；要建造桥梁，你必须熟知建材的强度。即便是希伯来先知也要学会写作，这在当时来说是一项很困难的事情。正如《祈祷书》所言，与

① 奎师那的神车（Juggernaut），奎师那（Krishna）为印度教诸神中广受崇拜的一位神祇，被视为毗湿奴的第八个化身。印度教徒每年都会举行隆重的仪式来祭拜奎师那。仪式上，奎师那的神像（Jagannath）被放置在神车上进行游行，狂热的宗教信徒相信被神像车碾死即可升天，因而不惜投身车下献祭自己的生命。因此英语中用“Juggernaut”指代奎师那的神车，通常也用它来比喻“骇人的毁灭力量，不可抗拒的可怕力量”。——译者注

生俱来的天赋是不存在的，是天真的人虚构出来的。

精确阶段来临后，浪漫阶段便退居幕后了。精确阶段的主要任务是学会分辨正确的方法和错误的方法，并且了解一些确切的真理。但浪漫的学习方式并没有消失，教育的艺术就是要让学生在规定的任务中运用准确知识的同时，培育学生的直观体验。我们必须培养这一学习方式，一方面是因为要实现平衡智慧的目标，它是必不可少的元素。另一方面是因为，没有浪漫因素来保持学生的领悟力，他们就无法从任务的成果中汲取养料。真正重要的是，在实践中找到自由与训练的平衡，这种平衡使得学生能够以最快的速度学习知识，并有所成长。我并不认为世上存在一个抽象的准则能适用于所有学科、所有类型的学生以及每一个独特的学生，除了我一直在强调的节奏性变化的准则。这个准则是，在早期阶段，智力的发展需要我们将重点放在自由上，而到了中间阶段，我们则需要为学生分配特定的任务。我认为，如果我们能妥善应对浪漫阶段，第二阶段所需要的训练就没有那么明显了，因为学生自己就会知道该如何学习，如何才能学好。这样，我们也就能安心地让他们自己去探索知识的细节。此外，我还认为唯一重要的训练是自我训练。只有给予学生们广阔的自由，他们才能学会自我训练。然而，在生活中，培养孩子欣然接受指定任务的习惯是非常必要的，教育中需要考虑的微妙问题太多了。如果我们布置的任务恰好能满足学生们在成长阶段的自然渴望，学生们能保持最大的动力，获得明显合乎情理的成果，并在执行任务的过程中享有一定的自由度，那么我们是可以实现这一目标的。

有能力的老师是如何保持学生的浪漫精神的？这个问题阐述起来并非易事，因为这件事做起来很快，但要将其解释清楚却要花很长时间。我们可以通过简单地发几个音，强调维吉尔诗歌里的音韵之美，就能让学生感受他的文字之美。让学生们体会数学论证的魅力所在，我们可以通过用普遍的理论来阐释复杂的实例即可，这是最为快捷的方法。在这一阶段，老师肩负着沉重的职责。说实话，我认为除了个别天赋极高的老师，其他老师在进行精确教学的时候，都会让学生感到一定程度的无趣。这便让我们陷入两难的境地：积极性与训练都是必要的，而训练却可能扼杀学生的积极性。

但这一难题的存在，并不是我们知难而退的理由。理论上来说，这一问题的出现并非必然。它的出现，是因为我们无法找到适合每一个学生的完美的教育方案。在过去，我们的教学方法扼杀了学生的兴趣。现在，我们正讨论如何将这一负面影响降至最低。我只想告诉大家，教育是一个难题，不能用一种简单的公式来解决。

然而，在这方面，我们无视了一个非常实际的问题。浪漫兴趣的领域广泛和不明确，无法用任何确切的边界来约束，它取决于人们的灵光一闪。但精确知识的范围就如所有普通教育体系界定的那样，可以是也应该是界限分明的。如果我们将精确知识的范围划得太广，学生们的兴趣便会被扼杀，你的目标也无法达成；如果划得太窄，学生们又无法有效掌握知识。当然，在每一种课程中，一门科目应该涵盖多少精确知识，是要经过极为严苛的研究才能确定的。但如今，人们似乎并没有实行这一做法。例如，在面向想要从事科学事业的孩子们（我对这类学生非常感兴趣）所开设的古典课程中，我们应该教给孩子们多少拉丁词汇、语法规则和句型结构？为什么不一劳永逸地定个标准，然后用所有的练习来强化学生的记忆，并让他们了解这些拉丁词语在法语和英语中的衍生词？至于那些在阅读中出现的其他句型和词语，我们可以用最简单的方式向学生提供全面的辅助知识。在教育中，这种明确的界限划分是必要的。我相信，优秀教师成功的秘诀之一，就在于他们很清楚地知道哪些知识应该让学生以精确的方式掌握。他们不会不负责任地让学生背诵一些并不重要的内容。成功的秘诀在于授课的速度，而把握好速度的关键在于专注度。但在教授精确知识方面，我们要时刻提醒自己注意速度、速度、速度！我们要让学生们迅速地掌握知识，然后对其加以运用。只有通过运用，他们才能记住这些知识。

接下来是节奏循环的第三个阶段——综合阶段。在这一阶段，学生们会回归浪漫的状态。他们现在已经掌握了确切的知识，获得了相应的能力，对一般规则和原理的理论与具体案例都有了清晰的认识。因此，他想使用新的武器。他是能够起作用的个体，所以想要有所作为。于是他们又回到浪漫阶段，想进行各类大胆的尝试，只不过此时，他们的大脑经过训练已经不再是一片混乱。从这层意义上来说，教育应该始于研究，也终于研究。毕竟，教育就是为应对生活中的直接经验而做的准备过程，这项准备促使人们通过相关的思想和适当的行动，让每一个瞬间都有价值。如果教育在开始时无法激发学生的主动性，结束时也没有鼓励学生保持主动性，那么这必定是错误的教育。因为教育的目的就是培养能发挥实效的智慧。

在大学里工作时，有一个现象令我非常震惊：学生们漫无目的地学习大量的精确知识。但那都是些得不到运用的惰性知识，反而让他们的思维变得僵化。大学教授的首要任务，应该是将真正的自我展现给学生们看，让学生们明白，其实他也不是多么的博学，但他懂得思考，明白如何灵活运用自己有限的知识。从某种意义上来说，智慧的增长伴随着知识的削减，因为人们掌握的知识细节会融会贯通，演变成普遍原理。在将来的生活中，人们会根据情况需要，将重要的知识细节再次拾起；但养成将普遍原理烂熟于心并灵活运用的习惯，才算最终拥有了智慧。在精确阶段，人们通过对细节知识的精确学习来领悟普遍原理。而在综合阶段，摆脱知识的细节有利于灵活运用普遍原理。过去掌握的知识细节会变成潜意识下的习惯。我们不会时刻提醒自己二加二等于四，即便我们曾经确实需要用心记住这点。如今，我们所学到的基本算术知识已经演变为习惯。综合阶段的核心，是从被动地接受训练转变为自由灵活地运用知识。当然，在这一阶段，人们也会继续学习精确知识，甚至比过去还要积极。因为此时人们的大脑已经体会到精确知识的作用，并能掌握一般原理和丰富的实例。但此时，知识的增长变得越来越无意识，这是伴随着思维的活动产生的。

总的来说，教育的整个过程都以这三个阶段为主导。十三四岁之前是浪漫阶段，14 岁到 18 岁是精确阶段，18 岁到 22 岁则是综合阶段。但这只是大致情况，其影响的是学生的整体发展模式。我认为，所有学科的学习并不是齐头并进的。例如，我认为当学生们开始学习词汇和语法，语言学习进入精确阶段时，他们对科学的学习才刚刚达到浪漫阶段的高潮。当幼儿学会说话时，语言学习的浪漫阶段便开始了，其精确阶段也会更早到来，而对科学的学习会更晚才开始。因此，过早地教授孩子精确的科学知识，反而会抹杀他们的主动性和兴趣，让孩子无法理解丰富的科学内涵。因此，在语言学习的精确阶段开始后，科学学习的浪漫阶段还应持续多年。

在这三个阶段下还有更小的循环，每个循环也包括三个阶段。它们的循环周期不定，可以是一天，可以是一周，也可以是一个学期。学生们首先会对某个事物蕴含的可能性产生模糊的认识，然后掌握相关的细节知识，最后将该事物与其他相关的知识联系起来。除非孩子们能保持兴趣不灭，学会一定的技能并达成显著的成就，否则他们便无法取得进步，最终便会丧失信心。总的来说，在过去 30 年里，进入大学的英国中学毕业生中，有很多人都心灰意冷，失去了对知识的热情。接着，大学又重复了中学的做法，加重了学生的失败感。因此，受过教育的英国年轻人都将热情转向其他方面，而对知识很冷淡。如果有哪一天，我们能指着我国的伟大成就（我希望那不会是战争），告诉别人那是我们在课堂中实现的成果，而不是人们在运动场上实现的，那我们就能对我国的教育模式感到满意了。

以上是关于智力教育的讨论，我把我的观点压缩到了一个过于狭隘的基础之上。毕竟，我们的学生是活生生的人，不是可以拆开的拼图。机械装置是靠外力将其一点一点拼接起来的，但生命有机体是凭借自己的内部驱动力来实现自我发展的。这种内部驱动力可以受外界的激励和指导，也可以被其扼杀。不论你如何激发和引导，他们都要凭借自身的冲动才能有所成长，而这种冲动是因人而异的。教育是引导个体体会生活的艺术。我所说的生活的艺术，指的是生命体在面对真实环境时，能彻底发挥自己的潜能，完成各式各样的活动。这一成就需要人们具备一种艺术感，能实现自己不可分割的人格所蕴藏的更大的潜能，并且高度重视科学、艺术、宗教和道德。每一个人的存在都是一场冒险。生活的艺术能为这场冒险提供指导。人类文明中的伟大宗教在创始阶段，都曾反对道德的枷锁。保罗[①]抵制《律法书》[②]，《福

---

① 保罗（Paul），《圣经》中初期教会主要领袖之一。传说《圣经》中《罗马书》《哥林多书》等为他所作。——译者注

② 《律法书》（*the Law*），又名《妥拉》（*Torah*），《旧约》前五卷的总称，一般称为“摩西五经”。——译者注

音书》[1]抨击法利赛人。宗教的每一大突破都表现了这种与旧教条的敌对，这种敌对直到该宗教消失才有所减弱。因此，关于道德和宗教的教育更要注意智力发展的节奏规律。先不要传授宗教真理的正确方法是什么，过早开始宗教教育的精确阶段，反而会导致宗教的灭亡。如果一种宗教的精神不会在宗教教育的痛苦过程中被磨灭，那么这个宗教就是有活力的。

我之所以提到宗教，是为了防止大家狭隘地理解我所提出的原则。我们分析的，是生命处于更高阶段时节奏性发展的一般规律，包括最初的觉醒阶段、接下来的引导阶段和最终的收获阶段。我想强调的是，发展的动因是来自我们自身的：我们要靠自己探索，靠自己约束自己，靠自己的主动性耕耘收获。老师的作用有两种：第一，以身作则，激发孩子学习的热情；第二，为学生营造良好的学习环境，提供更丰富的知识，培养更坚定的目的。老师要提高学生的效率，因为生命体处于较低阶段时，是通过彻底利用一切资源来实现自然演化的。不论科学、道德还是宗教，最终的动力都来自

① 《福音书》(*Gospels*)，基督教《圣经·新约全书》首四卷《马太福音》《马可福音》《路加福音》《约翰福音》的统称。有时也可单指其中的某一卷。——译者注

人们对其价值和重要性的感觉；因此，它们要给予人们各式各样的感受，例如惊愕、兴趣、崇敬或者超越自我的强烈愿望。由此引发的价值感能给生命带来难以置信的力量。一旦失去这种价值感，生命便会退回到被动的低层次状态。这一力量最为深刻的表现就是对美的感受，对已实现的完美事物的审美感受。这一点也让我自问，我们的现代教育是否给予艺术的作用以足够的重视？

典型的公学教育是为那些家庭富裕、父母都接受过良好教育的男孩子设计的。他们曾游览过意大利、希腊和法国，自己的居住环境通常也很美丽。但在现代的国家中小学甚至扩招过的公学中，大部分的男孩女孩都没有这样优渥的家庭条件。我们不能忽视艺术对于精神生活的意义。我们的审美情感能让我们对价值有一个清晰的认识。没了这种情感，灵魂的感知力便会削弱。要在教育中给予学生自由，我们就必须留意他们的整体人格发展，不能随意拒绝他们的迫切需求。在如今这个重视经济的时代，常有人说我们的教育是无用的，人们不用接受那么多的教育。如果我们的目标仅仅是培养学生的智力，那必然有一大批学生会失败。我们国家的学校便是如此。我们只是激起了学生们的兴趣，却没有满足他们的需求。历史表明，一个国家要实现文明进步，首先要做的就是实现艺术的繁荣。然而，话虽如此，我们却切断了大众接触艺术的途径。这样唤起人们的渴望，却又浇灭这些渴望的教育，除了能带来失败和不满，还能带来什么呢？我们其实不用耗费多少资源，就能为国人提供通俗的艺术形式，但我们没有这样做，这就是整个教育过程的愚蠢之处。通过一些大型改革，我们或许可以取消一些最为艰苦的体力劳动，保证劳动者的安全。但我们不可能大幅提高人们的平均收入水平。从这个角度看，我们是不可能实现乌托邦的。然而，我们的学校不用多费心，就能培养学生对音乐的热爱、对戏剧的欣赏以及对图形美和色彩美的喜爱。我们还可以满足普通大众在这方面的需求。如果我们采取最简单的方法，所需要的物质资源甚至少到可以忽略不计。一旦做到那一点，一旦国人能深刻理解艺术的作用，能感受到艺术带给我们的喜悦与恐惧，那么当先知传递上帝之爱，当牧师要求人们承担责任，当政治家呼吁爱国精神的时候，人民便能更好地体会他们话语中的力量。

莎士比亚的戏剧是为那些生活在美丽乡村的英国人民而写的。当时的人们正从中世纪步入文艺复兴时期。而在大洋的另一头，一个新的世界实现了人们对浪漫的渴望。如今，我们生活在拥挤的城镇中，接受着科学时代的教育。我相信，除非我们能找到全新的方法来面对这个新时代，为人民提供精神食粮，否则终有一天，等到人们因为理想破灭而忍无可忍，英国就将面临与俄国同样的命运。历史学家便会为英国留下这样的墓志铭：它的陨落，源于统治阶层对人民精神追求的无视，源于单调的物质主义，源于像法利赛人一样对狭隘治国之术的盲目追捧。

第四章　技能教育及其与科学和文学的关系

本章的主题是技能教育。我想向大家阐释技能教育的核心本质及其与博雅教育[①]的关系。这类讨论或许能帮助我们明白一个成功的国家技能培训体系需要哪些运行条件。对数学老师来说，这也是一个非常迫切的问题，因为大多数的科技类课程都涵盖了数学。

在开始讨论之前，我们要为技能培训确立一个最为理想的目标，无论我们在不远的将来能实现的目标有多低。

人们通常羞于为自己树立理想。现代剧作家萧伯纳[②]在自己的作品里，借一名疯神父之口发表了一番对理想人类社会

① 博雅教育（Liberal Education），又可译为通识教育、文科教育、人文教育、通才教育、素质教育等。现代社会的博雅教育被认为是一种通才素质教育，不同于专业教育、专才教育。——译者注

② 萧伯纳（Bernard Shaw，1856—1950），英国剧作家，擅长幽默与讽刺，1925 年获诺贝尔文学奖。这里引用的是他的喜剧作品《英国佬的另一个岛》（*John Bull's Other Island*）。——译者注

的看法：

> 在我梦想的国度中，国家即教会，教会即人民：三位一体，一体三位。那是联邦，工作即游戏，游戏即生活：三位一体，一体三位。那是教堂，祭司即信徒，信徒即被崇拜的神：三位一体，一体三位；那是神格，众神都拥有人性，人性都具备神性：三位一体，一体三位。简而言之，这便是一个疯子的梦想。

我在本章想要传达的思想便可以用这句话概括："那是联邦，工作即游戏，游戏即生活。"这便是技能教育的理想目标。当我们着眼于现实，看着那数百万疲于奔命、心怀不满、冷眼看世界的劳动者和那些与他们相对的雇主，我们会觉得这个理想目标太过不切实际了。我并不想就现实情况进行分析，我只是想让大家知道，目前的社会现状与这一理想还相差甚远。此外，我们都认为，如果一名雇主抱着"工作应该同游戏一样"的观念经营自己的产业，那么不到一周他就要破产了。

不论是在神话中，还是在现实中，人类都承受着同一个诅咒：不劳动，便无以为生。但人类凭借自己的理性与道德直觉从这句诅咒中悟出了前进的动力。早期的本笃会修士享受着劳动的乐趣，因为他们认为，只有这样，他们才能与基督同在。

除去这些理论的外衣，我想表达的主要观点是，工作应该与人们的智力和道德观念相结合，如此，工作的过程才能变成一种享受，即便再苦再累，人们也毫无怨言。我们中的每个人都能以更为具体的方式阐述自己对这一抽象理念的理解。只要不在细节上偏离自己的主要观点，每个人都能在这一问题上随意发表自己的看法。但不论大家各自的观点如何，对辛苦工作的人类来说，将工作的过程变成一种享受是他们唯一的希望了。这种转变掌握在技能培训的老师们手里，和那些规范教师行为的人们手里。这些人将重塑这个国家，让人们能像过去的修士一样享受日常工作。

目前我们的国家急需大量的熟练工人、富有创造力的人才和具有创新思维的雇主。

要满足这一需求，我们只有一种方法，那就是培养享受自己工作的工人、科技从业者以及雇主。从人类的天性来看，如果一名工人因为工作精疲力竭、倍感无聊，即便他拥有一双巧手，也无法大批量生产一流的产品。他会工作懒散、敷衍了事，还会变得擅于逃避审查。他会抵触新的生产方式，成天怨天尤人。脑子里都是不切实际的改革思想，完全不懂现实工作的职业环境。如果你身处乱世，希望增加社会动荡的概率，那就推广技能教育，同时无视本笃会修士们的理想吧。如此一来，社会就能得偿所愿了。

其次，富有创造力的人才，也需要有愉悦的脑力活动，以此来维持自己的创造力。“需求是发明之母”，这句话是毫无道理的，应该说“需求是无用伎俩之母”。现代发明的增加以科学为基础，而科学的发展，几乎完全来自为人们带来快乐的好奇心。

社会需要的第三种人是充满首创精神的雇主。成功的雇主是非常重要的人士，他们拥有大量财产以及涵盖世界各地的商业关系。当然，商业也会不断盛衰兴亡，但如果整个商业都饱受衰退之苦，我们的贸易就不可能繁荣。如果这些雇主只是将他们的生意视作获得其他人生机遇的工具，那他们就不会对时代的发展保持警觉。他们已经做得足够出色了，他们的企业保持当下的发展势头，足以让他们一生不愁。所以他们不会关心可能出现的新的生产技术。他们已经把精力放在别的方面。对金钱的渴求只会让人成为一毛不拔的铁公鸡，而非企业家。比起那些以资助医院为借口，而一直用令人厌恶的产业进行敛财的人，那些享受工作的生产者才是人性的希望所在。

最后，如果大部分雇主和工人都认为自己的工作只是无声无息赚取大众的金钱，那我们的工业就不可能和平发展。如果要让社会各方相互理解、携手合作，我们就必须让他们对自己的工作和他们的工作对社会服务的影响，有一个更加广泛的认识。

因此，不论是对雇主而言，还是对工人而言，技术和科技教育要满足国家的实际需求，就必须体现自由精神，让人们对自己的工作原则和提供的服务，有一个更深刻的认识。在这样的教育中，几何与诗歌同车床实践一样重要。

柏拉图[①]对博雅教育的意义，就如同圣本笃[②]对技能教育的意义。我们不用对这两者的实际理念进行客观衡量，在此我只是用柏拉图和圣本笃来代表两种对立的观点。我们用柏拉图来代表他所启发的文化类型。

博雅教育本质上是针对人的思想和审美鉴赏力的教育，

① 柏拉图（Plato，公元前427—公元前347），古希腊哲学家，柏拉图学派的创始人。苏格拉底的弟子，亚里士多德的老师。——译者注

② 圣本笃（St Benedict，约480—约547），意大利天主教教士、圣徒，本笃会和天主教隐修制度的创建者。——译者注

它所教授的是伟大的思想、有着丰富想象的文学和艺术作品。它希望能培养出拥有领导才能的人。博雅教育是一种贵族式的教育，受教育者必须拥有足够的空闲时间去从容学习。这种柏拉图式的理想追求给欧洲文明带来不可磨灭的影响。这种理想促进了艺术的发展；培养了人们对各类事物的探索精神，而这种探索精神正是科学的源泉。这种理想还让人们在面对物质生活的压迫时，保持着心灵的尊严，这种尊严要求思想的自由。柏拉图与圣本笃不同，他不会想和自己的奴隶共事，但他确实称得上是人类的解放者之一。他的文化理念启发了开明的贵族，而正是这些贵族塑造了现今欧洲所享有的秩序井然的自由。数个世纪以来，从教皇尼古拉五世到耶稣会会士建立的学校，再到现代英国公学的校长们，这一教育理想不断获得神职人员的支持。

对特定的人群来说，博雅教育是非常优秀的教育，因为博雅教育契合了他们的智力类型和生活环境。但博雅教育的作用不止于此，人们还以它为唯一参照，来评判一切其他的教育是好是坏。

这类教育的本质是让学生广泛涉猎最优秀的文献，即便获得的知识是杂乱无章的。这类教育下产生的最理想的人才，是那些熟读人类文字精华的人。他要掌握几门主要的语言，了解国家的兴亡历史，体会人类情感的诗意流露，并熟读伟大的剧本与小说。他还必须熟悉主要的哲学流派，并且仔细研读那些风格鲜明的哲学家的著作。

如此一来，学生们显然要花上一生时间才能实现博雅教育的目标，在那之前，他们将没有多余的精力去做其他的事。卢奇安曾在他的作品中计算过，一个人如果想要施行某种伦理体系，便要先花上150年的时间分析该体系的可行性。

博雅教育的理想并不适合人类。博雅教育的目的，不是为了让人们熟读从亚洲到欧洲、从欧洲再到美洲的所有人类文明的文学记录。我们只需要选择一小部分即可。而选出的这一部分必须是人类文明的精华。如果有人选择了色诺芬①而忽略了孔子，我会对他的做法表示怀疑，虽然我并没有从头到尾读过两人的原著。经过这番选择，博雅教育浩瀚的学习内容便缩减到了对特定文学作品和几门重要语言的学习。

但是，文学并不是人类灵魂的唯一表达途径。除了文学，人类还有其他的艺术形式以及科学学科。而且，教育不应该局限于对他人思想的被动接受。我们必须提高学生的创造

① 色诺芬（Xenophon，约公元前430—公元前355或公元前354），古希腊历史学家、作家，雅典人，苏格拉底的弟子。著有《远征记》《希腊史》《回忆苏格拉底》等。——译者注

力。不幸的是，创造力并非一种单一的能力，它包含了思维创新、实践创新和艺术想象力。这三类创造力又能细分为多个子部分。

学无止境，而单个人的生命又太过短暂，所学太过局限。从这一角度来看，古典学者、科学家和校长都是无知的人。

世上存在一种有趣的错觉：内容越不丰富的文化反而越完整。当然，如此一来唯一的好处是，人们可能更意识不到自己的无知。对柏拉图来说，没读过莎士比亚、牛顿或达尔文的作品显然是一种损失。博雅教育在近年来并未倒退，因为人们发现了其过于自负的目标，并有所改变。

我想说的是，没有哪种学习方式是完美无缺的，那些被我们忽略了的处于次级地位的学习元素更是如此。柏拉图式的教育要求人们不偏不倚地兼顾各类知识，这从心理学来说是错误的。我们必须遵循因果关系参与到事物的发展之中。如果教育试图将人们的智力活动或美学生活从这一原则中剥离，那将势必导致文明的衰亡。从本质上来说，文化是为实践而生的，其作用应该是使人们不用盲目、费力地工作。艺术的存在，使我们明白如何解放我们的感官，因为它能强化我们的感官世界。

如果一个人对科学抱有纯粹的兴趣，他就渴望对事物的联系有一个有序的认识。不过这一兴趣的目标是把理论与实践结合起来。实践对理论的介入是至关重要的，然而即便是在抽象科学领域，这一点也经常被忽视。没有人仅仅是为了获取知识才从事科研的。他之所以获取知识，是因为想满足自己对探索的渴望。探索的目的不是为了获得知识，而获得知识的目的是为了更好地探索。艺术与科学能让人们在辛勤劳动的同时，也感受到既定目标达成的喜悦。这也是科学家和艺术家同样的快乐源泉。

技能教育与博雅教育之间其实是不存在对立的。脱离了博雅教育，技能教育就无法成功，反之亦然。换言之，所有的教育都要兼顾技能与文化修养。简而言之，教育应该让学生在知识层面和实践层面都有所擅长。理论与实践的结合，对双方来说都能产生促进作用。人的思想是无法在真空中取得最大成就的。人们只有迅速将创造的动力转化为实践，才能发挥其效用，这点对孩子来说尤为如此。学生学完几何与力学后，必须将其运用到车间工场的实践中，否则他们学到的也不过是无用的东西。

一个国家教育体系主要需具备三类课程，即文学课程、科学课程和技能课程。但每一类课程都应该涵盖另外两类课程的内容。我的意思是，不论是什么样的教育，都应该教给学生一些技能、科学知识和一般概念，此外，还要让学生学会审美。所有这些训练都应该是相辅相成的。如果时间不足，即便是最具天赋的学生也不可能将所有课程都学透。学习必须有重点。最直接的审美训练，自然是那些需要艺术技巧的技能训练。但在文学教育与科学教育中，审美训练也非常重要。

文学课程的教学方式是语言学习，即学习我们最为习惯的传递思想的方法。从技能方面看，学生们应该掌握的是口语表达能力；从科学方面看，学生更要学习语言结构，分析语言与所传达的思想之间的关系。此外，如果能恰当运用语言，那么语言与感觉的微妙关联，书面语和口语所引发的感官感受，将培养学生敏锐的审美能力。最后，世界的智慧是储存在语言构成的杰作当中的，这也是进行语言学习的原因。

这一课程体系的优点在于兼顾所有的教学内容，其中的每一个部分都是相辅相成的。这样的课程体系一旦得到推广，必然会成为唯一完美的教育类型。其缺点则在于过度强调语言的重要性。确实，言语表达有太多重要意义，我们很难对其进行清醒的衡量。最近的几代人见证了文学和文学表达形式的倒退，它们在人们的思想生活中，不再具备以往那种独特的重要性。为了让人们真正成为大自然的服务者与管理者，我们要培养的就不只是人们的文学能力。

科学教育主要培养的是观察自然现象和研究、推断自然法则的能力。不过，与文学教育相同，科学教育也面临着时间不足的问题。自然现象纷繁复杂，每类自然现象都有与之相应的科学，每类科学都有其独特的观察方式和演绎种种法则的思维方式。总的来说，我们不可能在教育中将整个科学体系都教给学生。我们能做的，是传授两三门彼此相互关联的科学学科。因此才会有人批评科学教育中狭隘的专业化现象。这类批评显然是有理有据的，我们也应该反思如何在科学教育的局限内发挥最大的作用，避免过于专业化的问题出现。

要讨论这一问题，我们就要将视线转向技能教育。技能教育主要是培养学生将知识运用到生产之中的能力。这类训练强调的是动手能力、手眼协调能力以及对制作工程的判断和掌控能力。但要做好判断，我们就必须明白生产背后的自然过程。因此在技能培训中，科学知识是必不可少的。如果缩小科学知识的传播范围，科学教育要培养的是科学专家；如果扩大其范围，科学教育要将科学知识传授给大众和企业的领导者，这两类人同样重要。

技能教育不仅与科学教育在思维层面有所关联，而且艺术家或学徒对某项艺术技巧的学习也是一种技能教育。因此，审美能力的培养也与技能教育有关。

柏拉图式教育的缺点是，完全忽视了技能教育在理想人格的塑造方面的作用。这一忽视来自两个致命性的对立，即心灵与身体的对立，以及思想与实践的对立。为了避免招致不必要的批评，我想先声明一点：我很清楚古希腊人对形体美和运动的重视。然而，他们却在奴隶制度的影响下，形成了一种扭曲的价值观。

在此，我想为大家指出一条教育界公理：如果你在教学中忘记了自己的学生是有血有肉的，那你的教学注定会失败。文艺复兴以后的柏拉图式教育便犯了这样的错误。但人的天性是无法被抹杀的。后来的英国教育意识到了这点，但其实行的体育是与课堂教学相分隔的，强调不伦不类的竞技和竞争。

思维活动和身体活动之间的联系虽然体现在各种身体感觉中，但其主要还是以眼、耳、口、手为重点。感觉与思维是相互协调的，大脑活动和物质创造活动之间也存在相互影响的关系。在这类活动中，手的作用尤其重要。究竟是双手的活动引发了思维活动，还是思维活动指导着双手的活动，这是一个尚存争议的问题。但可以确定的是，这两者之间关系非常紧密，且是相互作用的。在百年之久的时间里，即便有些家族忽视了手与脑的深层联系，但总的来说这一联系是不会因此消失的。

由于忽视了动手能力，贵族阶层思维变得迟钝。他们只是通过运动来弥补这一问题。在运动中，他们将大脑活动控制在最低的程度。他们在手工制作方面也不够精细。对专业人士而言，持续的书写和口语表达是必要的，因为这么做能提高些许的思维能力。那些一味沉迷书本而不参加其他活动的书虫，并不能因敏锐的大脑而出类拔萃。他们更可能成为在思想上墨守成规的人。这是因为他们接受的广博的知识，已经超出了他们的脑力所能承载的范围；另一个原因是，他们的大脑缺乏来自手头或口头创作活动的刺激。

要评估技能教育的重要性，我们就必须跳出将学习等同于书本学习的观念。一手知识才是思维活动最根本的基础。从很大程度上来说，书本学习传递的是二手信息，因此其重要性永远无法与实践相提并论。我们的目标是让生活中即时发生的事情转变成佐证普遍理论的案例。而学术界倾向于用零碎的二手信息来说明从另一些零碎的二手信息里提炼出的观点。学术界的二手属性正是其变得平庸的原因。学术界的氛围平静，这是因为没有受到来自事实的挑战。弗朗西斯·培根[1]的伟大之处，并不在于他碰巧提出了独特的归纳推理法，而在于他在抵制二手信息方面起到了领头的作用。

科学教育有一大独特的优点：它将理论建立在直接观察的基础之上。同样的，技能教育的优点是它顺应了我们将思想付诸实践，又用实践反馈思想的深层天性。

科学为我们带来的是逻辑思考。逻辑又分为两种：一是探索过程的逻辑；二是探索成果的逻辑。

探索过程的逻辑包括对各种可能性的衡量、对无关细节的摒弃、对一般规律的预测以及通过设计合适的实验来检验假说。这便是归纳逻辑。

探索成果的逻辑指的是推断在特定的情况下，按照假定的自然法则，会出现怎样的特殊现象。因此，当人们发现或者假定一条法则时，完全依赖于演绎逻辑。没有演绎逻辑，科学便完全是无用的，它不过是从特殊现象到一般规律的不结果实的游戏而已，除非我们能反过来再从一般规律到特殊现象，就如天使通过雅各梦中的天梯来回于天堂与人间一样。

① 弗朗西斯·培根（Francis Bacon，1561—1626），英国哲学家，英国唯物主义和现代实验科学的始祖。他用归纳、分析、比较、观察和实验的理性方法整理感觉材料，对归纳法做了比较系统的论述，因而被认为是归纳逻辑的创始人。——译者注

当牛顿凭直觉发现万有引力定律时，立即计算了地球对地面上一个苹果的引力以及地球对月球的引力。我们明白，没有演绎逻辑，就不可能有归纳逻辑。所以牛顿的计算——对通过归纳法证明他的伟大定律来说——是重要的一步。

数学其实是一种更为复杂的演绎推理，尤其是当其涉及数、量和空间的时候。

在科学教育的过程中，老师们应该给学生教授思维的艺术，即如何根据一手经验形成清晰的认识，如何凭直觉发现可行的一般真理，如何验证这些推测以及如何通过推理将一般真理运用到重要的特殊情况中。此外，对科学原理进行阐释的能力也是必不可少的，这样人们才能从混乱的信息中提炼出相关内容，然后将其清晰地陈述出来，并且强调其重点何在。

如果我们能按照思维的艺术，将科学——或者说一小部分科学学科——充分地传授给学生，我们就向解决科学界的专业化问题前进了一大步。碍于客观条件，我们不得不以一两门特定的科学分支为基础进行科学教育。最糟的后果是，老师们迫于考试的压力，倾向于将这些科学学科有限的研究成果灌输进学生的头脑。我们必须时刻提醒自己这种做法是否适合眼下的特殊情况。如果一个人只懂得自己领域的科学和这个领域所特有的知识，那他其实就没有真正了解这个领域。他的思维是贫瘠的，无法快速理解陌生的观念。因此，他将一无所获，也难以将知识付诸实践。

将一般原理运用到特殊案例中是非常困难的，这点对年纪更轻的学生来说，更是如此。教育的艺术从不简单。要战胜教育中遇到的困难，尤其是小学阶段的困难，我们要拿出自己最优秀的才能。这也是对人类灵魂的锻炼。

如果老师教授得法，数学将成为最有力的工具——帮助老师潜移默化地传授普遍观点。因为数学的核心就是不断剥离特殊的观点，留下更具普遍性的观点；筛去特殊的方法，留下普遍适用的方法。我们可以通过一个公式来解决某个特殊问题，但该公式也可以解决其他多门科学学科中的上百个问题。普遍适用的推理方式是最强大的推理方式，因为演绎推理能力是一种抽象的财富。

在数学教育方面我们也要多加小心。如果只是通过它来强迫学生牢记普遍真理，那就会毁了数学教育。普遍原理能帮助我们将个案联系在一起。毕竟真正重要的其实是具体的特殊案例。因此在应用数学时，你的计算结果越具体越好，使用的方法越普适性越好。推理的本质在于从特殊案例中提炼出一般原理，然后再将一般原理运用到特殊案例中。没有普适性原理，我们就无法进行推理；而不进行具体运用，推理也就毫无意义。

具体性是技能教育的优势所在。我希望大家能明白，不具备高度普适性的真理是不符合具体事实的。例如，“x+y=y+x”就比“2+2=4”更具普适性；但“2+2=4”本身是一个高度概括的、缺乏具体事实的命题。要获得具体的命题，我们必须对涉及具体事物的真理有一个直观的认识。例如，如果你对苹果有直接的认知或记忆，那么“这两个苹果加上那两个苹果一共有四个苹果”就是一个具体的命题。

要通过应用实现真理的价值，而不是任其成为空洞的公式，唯一的方法是进行技能教育。光有被动的观察是不够的。只有通过创造，我们才能获得对物质性能的清晰认识。要了解一件事物，就必须亲手将其制作出来，这是牢不可破的真理。通过将想法付诸实践，才能锻炼我们的能力，并让想法更加清晰。只有通过运用，发现某一想法的局限性，我们才能使该想法符合现实。

在小学教育中，我们一直践行着这一原理。我们教导幼儿通过简单的手工劳动——例如剪纸和整理——来熟悉各类图形与颜色。这虽然是一个好方法，但与我所说的方法并不是一件事。我们目前的教学方法是让学生先获得实践经验，然后再进行思考，获得新的想法。这是一种很不错的教育方式。但技能教育不应该局限于此，它应该让学生在思考的同时，进行创造性的实践，通过实践来实现自己的想法、协调动作与思维，并在实践的指导下通过思考进行推理，最终获得成功。技能教育要包括理论知识的学习，并让学生深谙理论的局限所在。

我们不应该将技能教育视为完美的柏拉图式教育的残缺替代品。我们选择技能教育，不是因为迫于现状，我们只能无奈地采用这种有缺陷的教育方式。我们必须明白，没有人能精通所有的知识，发挥自己所有的潜能。然而，要实现智力与性格的最佳平衡，我们还是有三条道路可走：文学教育之路、科学教育之路和技能教育之路。如果我们只是沿着其中一条道路前进，那必然会在智力与性格发展方面遭受极大的损失。但如果只是将这三种教育机械地混合在一起，我们就只能教给学生零零碎碎的、毫无联系的、得不到运用的信息。我们已经意识到，传统人文教育的一大优势就在于它将所有的教育内容都整合在一起。教育的难题在于如何从文学、科学和技能之中选择一个重点并将其保持下去，同时将其他两个方面的元素整合融入我们所选择的教育模式之中。

要确切地认识到技能教育的问题，我们就要将注意力集中在两个年龄段：一个是13岁，即小学教育结束的年龄；另一个是17岁，即中学课程中技能教育结束的年龄。我知道工匠们经常会在初级职业学校再接受三年的教育。海军军官和领导层的人也会接受更长时间的教育。但我所说的教育大纲，应该能让学生在17岁就拥有对社会有用的技能。

对学生的动手能力的训练应该始于13岁。刚开始时，这类训练在所有课程中所占的比例并不大。随着时间的推移，应该不断增加动手能力的训练，直到其占据相当大的份额。最重要的是，这类训练不应该太过专业化。适用于某一特定工作的车间技艺应该在商业车间中进行教学，而不应该成为学校教学的重要组成部分，一名接受过良好培训的工人很快就能学会。在所有的教育模式中，失败的主要原因都是不知与时俱进。如果我们认为，技能教育就是逼迫孩子学会某一门高度专业化的手艺，那技能教育注定会失败。国家需要的是劳动者的流动性，不只是地域上的流动性，还包括在某种综合技能范围内的流动性，即从一种特殊工种流动到另一种特殊工种中。我知道这番话并没有多少依据，我并不是要人们在专门从事某一类工作的同时，间歇性地转换到另一类工作中去。那是工作组织者而非教育者应该考虑的问题。我只是想向大家说明，技能培训不应该局限于最终的专业化。不论是对工人、雇主，还是对国家，根据需求适应工作环境的能力才是有益的。

在考虑培养智力的课程体系时，我们必须遵循统筹学习的原则。总的来说，与训练动手能力最为密切相关的智力课程是某些科学学科的分支。我们要教授的不仅仅是一个科学分支。而且，我们也不可能将科学学习限制在某个单一的思维模式之中。不过，只要不将学习内容分得过细，我们还是可以按照主要的科学学科，对技能教育进行以下分类：1. 几何技术型；2. 机械操作技术型；3. 物理技术型；4. 化学技术型；5. 生物学技术型；6. 商贸和社会服务能力型。

通过这一划分就知道，要培养能胜任大多数职业的工人，除了一些辅助的科学学科，还应在技能培训中强调哪些特定的科学学科的学习。例如，我们可以将木工手艺、五金工艺和许多艺术技能划分到几何技术之中。以此类推，农业技能可以划分到生物学技术当中。处理食物的烹饪技能则属于生物学、物理学和化学的交叉领域，不过我并不能确定这么划分对不对。

与商贸和社会服务相关的科学学科有代数，包括算数和统计；还有地理和历史。不过这一类型涵盖的科学知识非常广泛。无论如何，我们还是应该以科学学科为基础对技能教育进行划分。重要的是，我们不可能找到能涵盖大多数职业的科学课程。很多人已经意识到了这个问题，英国有很多理工学校和初级职业学校也很好地解决了这个问题。

从技能教育中的科学元素到文学元素中，我们发现很多学科其实是跨越两个领域的，例如历史和地理。它们都是教育中非常重要的科目，当然，前提是我们教授的是正确的历史与地理知识。再比如，阐述一般原理和科学思维方式的书本，其内容也是跨越科学与文学领域的。这类书本一方面要介绍原理背后的历史背景；一方面要对其主要观点进行说明。它们在教育中的价值，取决于它们对学生思维的刺激程度。不应该一味地吹捧科学有多神奇，而应该从更为宏大的角度来传授知识。

不幸的是，文学教育总是会与语法学习挂钩。从历史上来看，这是因为当现代柏拉图式课程形成时，拉丁语与希腊语是人们接触伟大文学作品的唯一途径。但文学与语法之间并没有必然的联系。当亚历山大城的语法学家们出现之前，伟大的希腊文学时代就已经结束了。当今社会，古典学者其实是距离伯里克利[①]统治下的古希腊最为遥远的人群。

① 伯里克利（Pericles，约公元前495—公元前429），古雅典政治家。公元前444年后连续15年当选首席将军。——译者注

纯粹的文学知识是无用的。重要的不是那些知识，而是获取这些知识的方式。文学的存在是为了表达并丰富我们的想象世界和精神王国。因此，技能教育中的文学教育应该让学生享受文学。重要的不是他们学到了什么，而是他们是不是乐在其中。而在那些伟大的英国大学的直接要求下，学生们要参加关于莎士比亚戏剧的考试，这种做法让学生不再享受阅读，这是对灵魂的谋杀。

与知识相关的快乐有两种：一种是创造的快乐；另一种是放松的快乐。这两种快乐并不一定是毫无关联的。职业的改变能给人们带来极大的快乐，这种快乐便是两者的结合。文学鉴赏也是一种创造。书面文字的音韵美和结构美都只是一种刺激而已，它们能引发我们的创造。除了我们自己，没有人能使我们的生活变得鲜活。但除了那些以文学创作为职业的人，文学课也可以是一种消遣方式。它能解放我们在工作时必须压抑的那部分自我。艺术也拥有相同的功能。

要获得放松的快乐很简单，只要停止工作即可。适当的放松对我们的健康是必要的。但我们都知道，一旦过度放松，就无法获得快乐，而是陷入无知无觉的睡眠之中。创造的快乐来自成就，这类快乐从一开始就需要人们做出努力。对高节奏的工作和原创性的工作来说，创造的快乐是不可或缺的。

为了提高生产效率而不给工人休息的时间，这种经济政策将带来灾难性的后果。即便能获得暂时的经济成效，最终也将以整个国家为代价。因为如此一来，工人们将因为过度劳动而健康受损，在很长一段时间里都无法继续工作，国家便要承担起照顾他们的重任。同时，在工作中穿插纯粹的放松时间也同样不可取。除非得到严格的控制，否则这些休息时间反而会使得工人工作懈怠。正确的休息应该是改变人们的活动内容，满足人们天性的需求。游戏就是这样一种活动。它与工作无关，所以能让人感到放松，但一旦过度放松，反而会让人觉得空虚。

因此，我们应该通过文学与艺术来放松人们的身心，营造一个健康又井井有条的国家。文学与艺术对经济生产的贡献，仅次于睡眠或吃饭。现在我不是在讨论如何培养艺术家，而是讨论如何通过艺术保持人的健康。艺术之于健康，就像阳光之于万物一样。

并不是只有通过强迫学生学习才能让他们获得知识。一旦明白了这个道理，我们就能轻松地帮助学生享受艺术。可以定期安排学生前往附近的剧院，欣赏由社会资助的适合他们观看的戏剧、音乐会和电影。图画可能没有这么大的吸引力，不过如果我们能以有趣的图画重现孩子们在书本上读到的场景或观点，他们或许也会喜欢图画。我们还应该鼓励学生进行艺术创作，尤其是朗读的艺术。约瑟夫·艾迪生[①]所写的关于罗杰·德·柯夫雷[②]的散文就非常适合朗读。

艺术与文学不仅会为我们的生命活力带来间接影响，还能直接拓宽我们的眼界。物质生活之外还有广阔的世界，有微妙的人际互动和感情的脉搏。要在如此广阔的世界中掌握控制权并找到方向，眼界是必不可少的。世界上各个民族的竞争归根究底不是在战场上取胜，而是在工厂中的取胜。胜利将属于那些训练有素、技能卓越的工人和能为工人提供良好的发展环境的民族。而艺术便是必不可少的一个要素。

如果时间充足，我还想和大家讨论一些别的话题，例如在所有教育中都加入一门外语的学习。通过直接观察，我发现这一点对偏向艺术的孩子来说是可行的。但我已经说得够多了，对国家教育原则的阐释也足够清晰了。

最后，我想再次强调本笃会修士。通过将知识、劳动和

① 约瑟夫·艾迪生（Joseph Addison，1672—1719），英国散文作家，曾在牛津大学求学。曾与斯梯尔（Richard Steele）合编《闲话报》（*Tatler*）和《旁观者》（*The Spectator*）等刊物。——译者注

② 罗杰·德·柯夫雷（Roger de Coverley）：杂志《旁观者》（*The Spectator*）中的一个人物，是生活在英国安妮女王（1665—1714）统治时代的一名乡绅，一个讨人喜欢又有些傻气的人。——译者注

精神力量结合在一起，他们拯救了一个正在消逝的古代文明。我们认为实践对人有害，在实践中追求成功会让人摒弃远大的理想，这种想法是危险的。我相信，实践经验能直接证明这其实是一种谬论。在教育中，这一谬论体现为对技能培训的贬低。在黑暗年代里，我们先人通过组建本笃会这类伟大的团体来彰显自己的崇高理想，从而使自己得到救赎。如今，我们的任务是打破陈规，大胆地发挥我们的创造力。

第五章　古典文化在教育中的地位

古典文化在英国的未来，不是由优秀学者从古典文化中获得的快乐所决定的，也不是由其在学者培养中所发挥的作用决定的。数个世纪的经验证明，以古典文学和古典哲学为基础的教育，能愉悦人们的心情，塑造人们的性格。古典文化面临的危机，不是因为当今的古典学者不如他们前人热爱这一文化，而是出于别的原因。在过去，古典文化占据着整个高等教育体系，没有任何学科可以与之匹敌。因此，所有的学生在求学期间，都沉浸在古典文学和艺术的氛围里。只有一些有限的数学科目能挑战古典文化在大学的主导地位。这一地位造成了很多后果。出于教学目的，大学对古典学者的需求非常大；各行各业都充斥着古典文化的基调，以至于人们将对古典文化的掌握等同于工作能力；就连最不适合古典文化方向的孩子也要改变自己的兴趣，学习古典文化。不过这些都已经成为过去了，再也不会重现了。就如童谣里的矮胖子，只要不从墙上掉下来，就能一直保持完好；可一旦掉下来，就彻底破碎、无法还原了。如今，我们有许多广受关注的其他学科，它们之间存在着复杂的联系。为了发展这些学科，人们展现出最为优秀的想象力和哲学家的直觉感知能力。几乎每一种职业都是一门高深的学问，要求人们掌握一门或多门学科，为培养相应的工作技能打好基础。人生短暂，擅长接受新知识的大脑可塑期更为短暂。因此，即便所有的学生都适合学习古典文化，我们也不可能像培养古典学者那样，让学生先接受完整的古典文化课程，然后再让他们学习其他的学科。

英国首相任命了一个委员会来研究古典文学在教育中的地位，我作为委员会的一员，听到很多当事人抱怨现代父母的功利倾向，而这些抱怨并未改变父母们的态度。我并不认为现代的父母——不论是来自哪个阶级的父母——比过去的父母更为功利。当古典文学是实现进步的途径时，它在教育中是非常受欢迎的。但如今情况逆转，古典文化也随之处于危险之中。亚里士多德①不是说过可观的收入是明智生活的良好补充吗？他如果是一名现代家长，应该也会抨击公学的校

① 亚里士多德（Aristotle, 公元前 384—公元前 322），古希腊哲学家，主要著作有《形而上学》《物理学》《论灵魂》《尼各马可伦理学》《政治学》《诗学》等。——译者注

长吧。就我对亚里士多德的浅薄认识，我怀疑他会与校长争论一番，并且占得上风。我一直在评估古典文化在当今教育体系中面临着多大的危机。我的结论是，在接下来的几年里，中学对古典文化的态度将决定古典文化在这个国家的未来。不论愿不愿意，在一代人的时间里，那些伟大的公学也不得不效仿其他中学的做法。

按照目前的态势，未来将有 90% 的学生在 18 岁毕业后便再也不会阅读古典原著。至于那些更早离开学校的学生中，这一比例将上升到 99%。我听说过也读过很多阐述古典文化之美的文章，这些文章的作者都是那种坐在扶手椅中阅读柏拉图和维吉尔的学者。但这些人再也不会读古典著作了，不论是坐在扶手椅中，还是在其他的情况下。我们必须保护古典文化课程，这关系到 90% 的学生。如果古典文化因为这部分学生而被逐出现代课程体系，那剩下的 10% 的学生也不会再读古典文学了，因为没有学校会愿意雇老师去教他们。这个问题很严峻。

然而，我们不能因此就认为知识渊博的专业人士和关注教育与效率关系的工业界领导都对古典文化抱有敌意。我参加过许多公开或私下的关于古典文化的讨论。最近的一场由一所知名现代大学的领导委员会举办，讨论时间不长，但非常激烈。三名来自科学学院的代表慷慨激昂地陈述了古典文化对基础科学学科的重要性。我提到这场讨论，是因为这一经历非常典型。

我们必须记住，智力教育的问题在于时间的不足。如果玛土撒拉[1]都没有成为一个知识渊博的人，那问题不是出在他自身，就是出在他的老师身上。但我们面对的是为期 5 年的中学教育。只有证明在这期间，与其他学科并行的古典文化教学能比其他科目更快地丰富学生们的精神世界，我们才能捍卫古典文化在中学教育中的地位。

在古典文化教学中，我们试着通过对语言的透彻研究来培养学生在逻辑、哲学、历史和文学审美方面的能力。对拉丁语或希腊语的学习是实现这一终极目标的辅助方法。当我们实现这一目标，我们就可以暂时放下这些语言的学习，除非学生有机会和愿意进一步学习这些语言。当然也有一些人——其中不乏一些最为优秀的人——认为语言研究并不是实现文化目标的途径。在他们眼里，一只蝴蝶或者一台蒸汽机的意义远比一句拉丁语丰富得多。这一点对那些领悟力强、

① 玛土撒拉（Methusalah），《旧约》人物。《创世纪》仅在描述人类祖先世系时提到玛土撒拉，说他是亚当与夏娃在儿子该隐杀死亚伯一百年后所生的赛特的第六代孙，在世 969 年。——译者注

创造力强的人来说尤为如此。在他们眼中，文字字面的含义总是与他们的理解相悖，这令其困惑不已。

但总的来说，对语言的分析依旧是我们应该采用的主要教学方式，因为它适用于大部分学生，也是到目前为止，老师们能掌控的最好办法。

此时我不禁反问自己：既然你希望学生能学会逻辑推理，为什么不教给他们逻辑学？对这一问题，我想引用一位伟人的话作为回答。这位伟人便是刚刚去世的昂德尔公学校长——桑德森[①]。他的离去对我们来说是不可估量的损失。他曾说："学生是通过接触来学习知识的。"这句话道出了教育实践的根本所在：我们必须从人们能够理解的具体实例出发，然后逐渐上升到一般理论的层面。我们必须避免将泛泛而谈的知识灌输到学生脑中，因为这些知识与他们的个人经历毫无关系。

现在，让我们通过这一原则来判断怎样才是向学生传授逻辑学的最佳方法。简而言之，如何使学生思维清晰、表述有条理？任何一本逻辑书的综述，都与学生们的日常所见毫

① 弗雷德里克·威廉·桑德森（Frederick William Sanderson，1857—1922），英国教育学家，1892 年担任昂德尔公学校长，直至去世。他是一名教育改革家，曾在奥多中学和达利奇学院（Dulwich College）实行过创新性的工程教育项目。

无关联。它更适合于成人阶段的教育，例如大学教育。教授逻辑学，首先要对人们所熟悉的英语语句进行分析。但这种语法教学只适合小学教育，再往后就会让人感到枯燥无味。而且，这一教学还有一大缺点，那就是它只是局限于对英语语言的分析，并不涉及对短语、词语的复杂含义以及心理认知过程的讲解。你的下一步是让孩子学习一门外语，此时的教学就变得更有意思了。学生们不用再为了练习而练习，而是会无意识地分析语言。他们会用新学的语言表达自己的想法，努力明白他人的话语，领悟文章作者的意图。每一门语言都代表一种特定的思维方式，学习两种语言，能让学生明白两种思维方式之间的差异。一般来说，孩子们应该尽早学习法语。如果家庭条件允许，家长还可以在孩子很小的时候就请一名讲法语的保姆。那些家境一般的孩子通常是在 12 岁上中学时开始学习法语。学校会采取直接教学的方式，让孩子们在课堂之上全程沉浸在法语之中，并学会直接以法语进行思考，不用在法语与英语之间进行转换。这样一来，即便是普通学生也能学得很好，很快就能掌握简单的法语语句。前面我曾说过，语言学习的益处是巨大的，能让孩子获得一个非常实用的工具。孩子们能具备一种语感，潜意识下就能理解特定的语言结构。

此时，拉丁语便是促进思维的最佳工具。拉丁语的元素能清晰地展示语言的具体结构。如果你已经具备了一定的语感，便能很轻易地理解语言背后的含义。但在英语与法语的转换中，你可能会错失一些信息。简单工整的英语语句如果直译成法语就会变得不地道了，反之亦然。而思维发展尚处于早期阶段的学生还无法分辨直译的法语与地道的法语之间的细微差异。这类差异通常也无法解释清楚，因为英语与法语拥有相似的现代表达。但英语与拉丁语拥有明显的结构差异，而这种差异又没有大到阻碍语言学习的地步。

经过中学校长们的验证，拉丁语是一门非常受欢迎的科目。我还在读书的时候就非常喜欢这门语言。我认为，学生们对拉丁语的喜爱，源于在学习过程中所体会到的思想上的启蒙。学习拉丁语时，你知道你正在发掘新的知识。拉丁语的词汇以一种不同于英语词汇或法语词汇的方式嵌在句子中，词汇具有奇特的不同联想之意。当然，从某种意义上来说，拉丁语比英语更加古老。未经过分解的语义单位更像是一个句子。

因此，在罗列拉丁语的益处时，我将哲学排在逻辑与历史之间。我认为这样的排列很合理。因为拉丁语唤起学生的哲学直觉，是介于逻辑与历史之间，又对二者有促进作用的。

在拉丁语与英语的互译过程中，学生们要对语义进行分析，这类经验对学习哲学逻辑而言是必要的。如果在未来，你从事的是思考型工作，那你会感谢上帝，自己在5年的中学学习期间，每周都要写一篇拉丁语散文，每天还要分析一名拉丁语作者的文章。进入一门新课程的过程，其实就是通过接触进行学习的过程。对大多数人来说，语言是促进思维活动的最便捷的方式。启蒙的道路便是从简单的英语语法到法语，从法语到拉丁语，而且广泛涉及几何与代数。我希望大家能明白，我所提倡的这套原则是得到柏拉图支持的。

现在让我们从哲学思想转到哲学历史。我想再次重提一下桑德森的那句话："学生是通过接触来学习知识的。"那么学生要怎么通过接触去学习历史？原始文件、宪章纲领、法律条例和外交函件都是学生难以理解的。足球赛或许和马拉松战役[①]有几分相像，但这也只是说明不同时代和情况下的人类生活拥有相似之处而已。而且，我们灌输给孩子们的外交和政治知识其实都反映了非常狭隘的历史见解。真正重要的是，我们应该对观念、思想、美学和民族发展动力的变化有一个深入的认

① 马拉松战役（Battle of Marathon），希波战争中的一次战役。公元前490年发生在阿提卡半岛东北部的马拉松平原。雅典人大败波斯侵略军，后者最终撤退。——译者注

识，因为这些因素掌控着人类的动荡历史。过去就像是美酒，而罗马帝国将美酒注入现代生活的瓶口。要了解欧洲文明史，就要理解罗马帝国的思想和伟业。

拉丁语，这种语言以文学的形式体现着罗马人的想法。在罗马的语言中，我们能拥有最为简单的材料，通过接触这些材料，可以了解人类历史的变迁。法语和英语这两种语言与拉丁语的关系本身就反映了一种历史哲学。我们先来对比一下英语和法语。历史上，英语曾与不列颠本土文明完全脱离，一些源自地中海的词汇与短语慢慢带着它们舶来的语义渗透到英语之中。而法语的发展虽也经历过一些动荡，却从未被打断过。我并不是想对大家进行一番抽象的说教以炫耀自己多么知识渊博。其中的道理大家一看便知。母语为英语的人如果能了解一些法语与拉丁语的基本知识，就能更为真切地体会塑造了整个欧洲的民族迁徙。语言体现了创造它的民族的思想。每一个短语与词语都反映了该民族的成员在耕耘、持家和建造城池时所持有的日常想法。因此，不同语言之间其实不存在真正对等的词语。我所说的一切都不过是在解释这一观点，强调其重要性。英语、法语和拉丁语形成了一个三角形。其中，英语与法语这一对角代表两种不同的现代思维，它们与第三个角——拉丁语——的关系，体现了它们与古代地中海文明之间的衍生关系。这个三角是文学教育中非常重要的一部分，它本身便带有鲜活的对比，包含着过去与现在，跨越了时间与空间。因此，学习法语和拉丁语是学生们接触逻辑哲学与历史哲学的最简单的途径。没有这些亲身经验，那些对思想的分析和行为经历都是空话。我并不是说，对大多数学生而言，这种学习方式是最简单的。我相信，对于很多学生来说，他们不应该把重点放在语言学习上。但我还是认为，这种学习方式能为大多数人带来最大程度上的成功。语言学习的优点经过实践的考验。我们确实应该对现行的教育模式进行大刀阔斧的改革，以满足当今的需求。但总的来说，这一以文学教育为基础的教育模式包含了我们最了解的传统，同时也涉及规模最为庞大的经验丰富且有学者风度的教师来实行这一教育模式。

读者们可能发现，我还未介绍过罗马文学的辉煌成果。当然，拉丁语教育必须让学生阅读拉丁语文学。许多罗马作者通过各式各样的话题成功地向我们传达了罗马的精神，包括他们对希腊思想的欣赏。罗马文学的一大优势是，与其他文学相比，它的作者水平相近，没有才华非常突出的人。罗马作者都很贴近世俗，表达的观点都与自己的民族有关，很少会摆脱自己的民族身份进行写作。你总能感受到他们的创作局限，除了卢克莱修[①]。塔西佗[②]则秉持着元老院保守派的观点，忽视了罗马在行省管理上取得的成就，认为希腊的自由民正取代罗马贵族。罗马帝国和塑造了该帝国的思想都吸收了罗马人的智慧。天堂里应该很少会出现罗马文学。那里流行的语言应该是中文、希腊文、法文、德文、意大利文和英文，圣徒们会非常喜欢这些语言的文学中关于永生的妙语。他们讨厌希伯来文学和古罗马文学，因为前者道德感太过强烈，热衷于与一个已经消失了的恶魔斗争；后者却将广场当作上帝的脚凳。

我们教授拉丁语，不是希望古罗马作者能成为学生终身的良师益友。英国文学更加渊博，内容更为丰富、深刻、细腻。如果你喜欢哲学，会放弃培根、霍布斯[③]、洛克[④]、贝克

① 卢克莱修（Titus Lucretius，约公元前99—约公元前55），古罗马诗人、哲学家。所著哲学诗篇《物性论》在古代和中世纪曾被列为禁书。——译者注

② 塔西佗（Publius Cornelius Tacitus，约55—约120），古罗马历史家。历任保民官、执政官、行省总督等职，主要著作为《编年史》和《历史》。——译者注

③ 托马斯·霍布斯（Thomas Hobbes，1588—1679），英国哲学家和政治家，著有《论物体》《利维坦》《论人性》《论社会》。——译者注

④ 约翰·洛克（John Locke，1632—1704），英国哲学家，在教育上，主张培养具有“文雅态度”和“善于处理事务”等品质的绅士。主要著作有《政府论》《教育漫话》《人类理解论》等。——译者注

莱[①]、休谟[②]和穆勒[③]的著作，转而阅读西塞罗[④]的作品吗？除非你对近代人的兴趣使你转向马丁·塔珀[⑤]。如果你喜欢思考人生百态，分析角色在大环境下的反应，你会放弃莎士比亚和其他英国小说家，转而选择泰伦提乌斯[⑥]和普劳图斯[⑦]的作品，或者阅读《特里马尔奇奥的晚宴》吗？我们还有谢里丹[⑧]、狄更斯[⑨]等幽默作家。拉丁语文学，能让读者像读他们的

---

① 乔治·贝克莱（George Berkeley，1685—1753），英国哲学家，著有《哲学纪事》《人类和知识原理》等。——译者注

② 大卫·休谟（David Hume，1711—1776），英国哲学家、历史学家、经济学家、美学家，著有《人性论》《人类理智研究》《道德原则研究》等。——译者注

③ 詹姆斯·穆勒（James Miu，1773—1836），英国哲学家、历史学家、经济学家，著有《政治经济学原理》《人类精神现象分析》等。——译者注

④ 西塞罗（Cicero，公元前 106—公元前 43），古罗马著名政治家、演说家、雄辩家、法学家和哲学家。公元前 63 年当选为执政官。——译者注

⑤ 马丁·塔珀（Martin Tupper，1810—1889），英国作家、诗人，著有《众所周知的哲学》。——译者注

⑥ 泰伦提乌斯（Terentius，约公元前 195—公元前 159），古罗马喜剧作家，现存《婆母》《阉奴》《两兄弟》等 6 部喜剧，大多根据古希腊后期喜剧作家米南德的作品改编而成。——译者注

⑦ 普劳图斯（Plautus，约公元前 254—约公元前 184），古罗马喜剧作家，相传写有一百多部喜剧，现存有《一罐金子》《孪生兄弟》《俘虏》和残篇《吹牛军人》《驴子》等 20 部。——译者注

⑧ 谢里丹（Sheridan，1751—1816），英国剧作家，出生于爱尔兰都柏林。共写剧本 7 部，多为喜剧，著有《造谣学校》《批判家》等。——译者注

⑨ 狄更斯（Dickens，1812—1870），英国作家，作品包括《匹克威克外传》《董贝父子》《大卫·科波菲尔》《荒凉山庄》《艰难时世》《双城记》等。其作品是英国现实主义文学的重要代表。——译者注

作品一样捧腹大笑吗？西塞罗是一个伟大的演说家，曾在罗马帝国的盛世慷慨激昂地演讲。英国也有政治家通过瑰丽的想象阐释自己的政策。至于诗歌和历史方面的知名英国作者，那名单就太长了，我就不再赘述了。我只是想告诉大家，拉丁语文学并不能完美传达人类生活的共通元素。它是冰冷的，没有欢笑，也没有眼泪。

阅读拉丁语文学，你必须考虑文学创作的背景。它与希腊文学和英国文学不同，因为后两者传达的是人类共同的感情。拉丁语文学只有一个主题，那就是罗马——罗马，欧洲的母亲和伟大的巴比伦，《启示录》的作者便描述了它娼妓的命运[①]：

> 因害怕看她承受痛苦，人们就远远地站着，叹道："唉，唉，伟大的巴比伦，强大的城池啊！一小时内你的审判就要来临了。"地上的商人们都为她哭泣哀悼，因为没有人会买他们的商品了；
>
> 那些商品有金，银，宝石，珍珠，亚麻细布，紫色衣料，丝绸，红色衣料，各种香木，各种象牙

① 《新约全书·启示录》将巴比伦描绘成一个女人，暗指先知时代世界的首都罗马。——译者注

> 器皿，各样用最为珍贵的木头和铜、铁、大理石制作的器皿；
>
> 还有肉桂，香料，药膏，乳香，酒，油，上等面粉，小麦，野兽，羊，马，双轮战车，奴隶，人的灵魂。

在早期基督徒眼中，罗马文明就是以这种方式出现的。但之后，基督教本身也成了罗马所塑造的欧洲的一部分。我们也继承了东部地中海文明的两面性。

拉丁语文学的作用是表达罗马的思想。如果你能带着对罗马的认识去分析英国与法国，那你就为自己建立了一个牢固的文化基础。罗马是地中海文明的最后阶段，因此，了解罗马，你也能了解欧洲的地理及其山河湖海。这类学习能让青年人获得具体的知识，并将知识用于实践。此外，他们还能欣赏伟人们的品质与风范。这些伟人拥有远大的理想，有高尚的品德，也有着罪恶的行径。他们也会犯错，但他们知道如何约束自己的过错，这也是一种可贵之处。如果学生们不明白什么才是真正的伟大并时常规诫自己，那道德教育就是无效的。如果我们认为自己不过是一个渺小的存在，那我们就不会在意自己的所作所为，对现实也会漠不关心。伟大的含义，不是通过辩论得出的，而是需要我们用直觉去感受。青年人在转变宗教信仰时，会痛苦地认为自己不过是蝼蚁，不能算是一个人，这种感觉是可以理解的；只要他们依旧相信伟大的存在，依旧对上帝抱有敬畏之心。对伟大的认知是道德感的基础。如今，我们即将迎来民主时代，我们能否实现高程度的人类平等依旧是个未知数。让青年人了解罗马精神迫在眉睫：罗马本身便是一个伟大的存在，其影响甚至更为伟大。

现在我们进入对文学作品的审美讨论中。我们正需要在这一领域对传统的古典文化教学进行大刀阔斧的改革，使其适应新的社会环境。传统的古典文化教学热衷于培养古典学者，学生一开始学习语言，之后便研读古典文学。老师认为学生在当前的文学气息的烘托下，一定会喜欢那些作品。但在19世纪后半叶，其他学科的出现占用了学生们的学习时间。因此他们时常学不好语言，浪费了投入其中的时间。我经常认为，正是这种失败感导致很多从优秀学校毕业的学生缺乏对知识的热情。古典文化课程的规划必须保证学生们学有所成。为了培养理想型的学者，我们已经造成太多学生的失败了。

在教授艺术时，我们必须注意两大要点：知识量和教育速度。如果你用显微镜去观察罗马的圣彼得大教堂，那对其建筑师来说未免太不公平；如果你以一天五行的速度阅读《奥德赛》，你会觉得味同嚼蜡。这便是我们所面临的问题。以学生们的拉丁语能力，可能永远都无法快速阅读拉丁语原著；他们要了解的知识非常宏大，横跨了整个历史。因此，我们必须对知识量和教育速度进行深入研究，了解教育工作中各个要素之间的相关作用。我从未读到过以学生心理为切入点分析这一问题的文献。难道这涉及共济会的机密？

我时常注意到，在优秀学者的聚会上，如果有人提到翻译这个话题，他们的反应就像普通人被问及性话题一样。作为一名数学家，我不用在乎所谓的学者的声誉，所以接下来我想谈谈翻译的问题。

正如我前面所说的那样，只有准确理解拉丁语词汇的含义、语义与语法结构的关系以及句子的语势，我们才能从拉丁语学习中有所收益。因此，那种不对语言细节加以分析，笼统地进行语言教学的做法，反而会导致我所描述的理想教育目标的失败。通过翻译让学生尽快摆脱拉丁语文本，避免学生在句法结构上花费太多精力，这样的做法也是错误的。培养学生准确、清晰、独立的分析能力，是我们的主要目标之一。

但我们在教育速度方面依旧面临着巨大的问题，因为古典文化教育的时间不过四五年而已。对每一首诗的学习都有特定的时限。诗歌中的对比、意象和感情的转折，都与人类灵魂的脉搏相连，它们有着自己的节奏，是不能被刻意延长的。如果你以蜗牛爬行的速度磕磕绊绊地读诗，即便你读的是世界上最为优秀的诗歌，它们对你而言也不过是一堆废纸。

因此，想象一下孩子们阅读老师布置的作业时的场景：他读到“当……”然后停下来查字典，接着读到“雄鹰……”然后又停下来查字典，接着又费力地思考语句的结构，等等。这样的阅读能帮他了解罗马吗？当然，一般人会说，那就去找最佳的译本，最能体现原文魅力与生命力的译本，之后以合适的速度朗读出来，然后再读一些注释，这样就能理解原著了。然后人们就更有理由抨击拉丁语，说正是拉丁语将艺术捧上神坛，令其高不可攀。

但有人会反对说，翻译作品完全比不上原著。这是当然了，否则我们也不会要求学生掌握拉丁语。掌握原著语言之后，人们就能以正确的速度阅读原著。我认为，学生们可以先以合适的速度阅读译文，大致理解原文的含义，然后再以合适的速度研读原著，深刻体会原著的价值。华兹华斯[①]曾批评道，科研人员对自然的研究“名为剖析，实为谋杀”。在过去，古典学者也是这样一种谋杀者。人们对美的感知是迫切而强烈的，我们应该以足够的敬意来对待人们对美的渴望。不过我想进一步指出一点：要体会罗马精神，需要阅读大量的拉丁语文学，这已经超出了学生的能力范围。他们需要阅读维吉尔、卢克莱修、西塞罗的作品以及历史著作，其阅读量已超出他们的拉丁语阅读能力，所以要以翻译版本作为辅助。在研究一名作者时，我们应该选择一些能相对完整地展现该作者思想的拉丁语文本进行阅读，哪怕选择的文本不是他亲笔所写。然而，我们也不能完全避开该作者用母语所写的文本。

在教授古典文化的历史时，知识量的问题变得尤为突出。我们呈现给学生的所有内容，都应该是具体的、独特的。然而，我们又想向他们展示各个时代的整体面貌。我们必须让学生通过接触来学习。对此，我们可以通过视觉呈现的方式

① 华兹华斯（Wordsworth，1770—1850），英国诗人，湖畔派代表，1843年被封为桂冠诗人。1798年与柯勒律治共同出版《抒情歌谣集》，代表作有长诗《序曲》，组诗《不朽颂》《露西》，抒情诗《孤独的割麦人》等。这里引用的诗句出自他的《劝友诗》，诗篇大意为劝告人们放下书本，走进自然，因为自然是最好的老师。一心埋头书本，反而“谋杀”了自然之美。——译者注

来展示各式各样的生活，例如建筑照片、雕像、花瓶上的图案以及描绘神话传说或日常生活的壁画。通过这种方式，我们就能对罗马文明与之前的东地中海文明和之后的中世纪文明进行比较。我们必须让学生明白人类经历了外貌、住所、科技、艺术和宗教信仰等方面的变化。动物学家们从所有动物中挑选典型的物种进行教学，我们也可以模仿他们的教学方法向学生呈现罗马的历史地位。

人类的生活以技术、科学、艺术和宗教为基础。这四个方面相互联系，都是人类的思想创造出来的。但科学与技术之间、艺术与宗教之间的关系尤为密切。要了解任何一种社会组织，都必须从这四个方面着手。现代蒸汽机的生产力，相当于古代社会一千名奴隶的生产力。奴隶制又是古代帝国的核心制度。现代印刷机对现代民主制度的建立起到了极大的促进作用。要理解现代思维，就要了解科学的进步，以及随之而来的观念转变和技术的发展。古代的美索不达米亚文明和埃及文明都是由灌溉技术支撑起来的，而罗马帝国则是以技术的绝佳应用为基础，包括道路、桥梁、沟渠、涵洞、下水道、大型建筑、井井有条的商船队、兵法、冶金术和农业。这便是罗马文明为何能完整保存、不断扩张的秘密。我经常思考，罗马的工程师为什么没有发明蒸汽机。如果他们做到这一点，整个世界史都要被改写。我想，这可能是因为他们居住的环境相对温暖，也就没有喝茶煮咖啡的习惯。等到 18 世纪，成千上万的人都喜欢坐在火炉边，看水壶里的水烧开，蒸汽机也就应运而生了。当然我们都知道，亚历山大城的希罗很早就发明了近似蒸汽机的东西。所以，如果罗马工程师注意到水壶里冒出的蒸汽，那一切就都不同了。

技术进步带来越来越强的推动力，我们应该正确看待人类历史与技术进步之间的关系。在过去的一百年里，先进的科学与先进的技术紧密相连，为人类开启了一个新的时代。

同样，大约公元前一千年时，文字得到广泛使用，这开启了第一个伟大的文学时代。文字在刚刚诞生之初主要是用于传统经文、官方记录和编年史的书写。在过去，人们并不会在一项发明诞生之初就预感到它的潜力。哪怕是今天，我们经过锻炼，对新生事物的潜力有了更好的认识，情况也是如此。在过去，新生事物所带来的是不同的思考方向，因此它进入社会体系的速度是非常缓慢的。所以，东地中海沿海的古代文明花了很长时间才掌握文字书写这项记录新思想的方式。当希腊人和希伯来人意识到文字的潜力，文明的发展便前进了一大步。虽然直到一千年后——基督教诞生，希伯来文明才产生了广泛影响，但在希腊文明开始形成时，希伯来的先知们就开始记录他们的思想了。

我想说的是，要了解罗马文明的背景和前景，就必须处理大量的历史资料。如此一来，就不能像教授我们的历史那样，按照时间顺序将政治事件连贯地教给学生。就连口头讲解的教学方式也应该居于次位。我们应该利用模型、图片、示意图和表格，通过典型的例子展现技术的发展和其对当时人们的生活方式的影响。同样，艺术结合了实用性和宗教性后所表达的也是人类的真实情感，并能引发人类的心理变化。孩子们可以通过模型、图片以及博物馆里的展品来了解过去的艺术。历史教育不应该以泛泛而谈的论述开始，而应该以能展现时代变迁、生活变化和民族发展的具体实例开始。

在教授东地中海的文学和历史时，我们也应该采取这种具体的方式。古典文学的重要性在于，它是建立在一手知识的基础上，是不可替代的。希腊和罗马是欧洲文明的建造者，了解它们的历史，就是直接了解希腊人和罗马人的思想。因此，要正确了解罗马的思想，学生们就应该直接阅读希腊文学作品。当然，这里指的是翻译作品。但希腊人原作的译本要优于英国人所写的关于希腊人的评论，不论这些评论写得多么精妙。我们应该在对希腊有一个直接认识之后，再阅读关于希腊的书籍。

我推荐学生阅读《奥德赛》的翻译版本，再加上一些希罗多德[①]的部分著作、吉尔博特·默雷[②]翻译的古希腊戏剧中合唱队解释剧情的朗诵词、普鲁塔克[③]的名人传记作品，尤其是马塞卢斯[④]执政时关于阿基米德[⑤]的部分。希斯[⑥]翻译的欧几里得[⑦]《几何原本》是非常精准的译本，里面有一些定义、

① 希罗多德（Herodotus，约公元前484—公元前425），古希腊历史学家，西塞罗称其为“历史之父”。有名著《历史》（《希腊波斯战争史》，9卷）传世。——译者注

② 吉尔博特·默雷（Gillbert Murray，1866—1957），英国古典文学学者，古希腊戏剧大师埃斯库罗斯、索福克勒斯、欧里庇得斯和阿里斯托芬的剧作经他翻译后，在现代舞台上重新获得欢迎。——译者注

③ 普鲁塔克（Plutarch，约46—120），古罗马时期希腊作家。代表作《希腊罗马名人传》，共50篇，其中希腊和罗马名人传各23篇，彼此对照，成为欧洲传记文学的先驱，为研究古希腊、古罗马历史提供了重要资料。——译者注

④ 马塞卢斯（Marcellus，公元前268—公元前208），罗马军事领袖，五次当选罗马执政官。根据普鲁塔克的记载，公元前212年，马塞卢斯攻下阿基米德居住的古希腊城邦叙拉古（Syracuse）。混乱之中，一名罗马士兵找到阿基米德，要求他去觐见马塞卢斯，但当时阿基米德正在思考一个数学问题，于是拒绝了他的要求。士兵一怒之下将他杀死。对阿基米德的死，马塞卢斯非常愤怒，因为他本欲善待这位天才。——译者注

⑤ 阿基米德（Archimedes，公元前287年—公元前212），古希腊学者，发现杠杆定律和阿基米德定律，引入重心的概念，并提出精确确定物体重心的方法。罗马进犯叙拉古时，他应用机械技术来帮助防御，城破后被害。著有《论球体和圆柱体》《圆的测量》《论浮体》等。——译者注

⑥ 托马斯·希斯（Thomas Little Heath，1861—1940），英国数学家、古典学家、数学史家、翻译家。——译者注

⑦ 欧几里得（Euclid，约公元前330—公元前275），古希腊数学家，著有《几何原本》13卷，是世界上最早的公理化数学著作。——译者注

公理以及一两个命题都值得一读。学生们在阅读这些作品时，还需要通过一些解释来了解作者写作时的内心世界。罗马对欧洲的重要性在于，它为我们留下了双重的遗产。罗马人接受了希伯来人的宗教思想，然后将其与希腊文明相结合，传递给了欧洲。罗马本身就是一个组织严明、团结统一的文明。罗马法为罗马帝国提供了一个钢铁般的框架，却又如斯多葛派一般尊重人性隐私权，这也是罗马之所以伟大的秘密。欧洲时常分裂，就是因为这些多样化的遗产所致；但分裂之后，各方又总能握手言和，这也是因为受到罗马人强调团结的影响。欧洲的历史就是罗马人控制希伯来人和希腊人的历史，因为希伯来人和希腊人受到不同宗教、科学、艺术、物质诉求、控制欲望的驱动，双方时常剑拔弩张，而罗马人的梦想却是实现文明的统一。

第六章　数学课程

现代教育所面临的情况，在数百年前中世纪的传统知识体系开始解体时也出现过。当时和现在一样，人们对智力的传统认识虽然刚刚占据上风，但终究过于狭隘，不利于全人类的利益。人类追求的利益发生了变化，这要求教育基础也跟着转变，从而让学生得以接受新的观点。历史上，如果人类社会对智力的认识发生了改变，那么教育也必然会迎来变革。不过这类变革可能会推迟一代人的时间，因为总有些人会为了保护自己的既得利益而阻挠改革，或者纯粹是因为因循守旧，不愿年轻时接受的观念被历史淘汰。但教育必须让学生接受新的观点，让他们有能力理解自身所处的时代的主流思想，这样的教育才是成功的、有生命力的。

处在真空中的教育体系，即与当时的知识氛围脱节的教育体系，是注定要失败的。教育如果不是现代的，便会像有机生命一般衰老腐朽。

然而，光是“现代”还不足以解决我们的问题。我们要做的是将教育与现代思想相连。这里所指的现代思想包括现代观念及其所培养的能力。一天前刚被发现的事物并不一定就是现代的，它可能来自久远的思想体系，又或者太过高深，超出现代人的理解范围。教育应该与现代思想相关联，我们所说的现代思想，指的是那些广泛传播到有修养人群中的思想。在这里，我想谈一谈普通教育中所涉及的高深学科的问题。

对数学家来说，这是一个非常敏感的问题。外行人都抱怨我们的学科太深奥了。我还是大胆地承认吧，大部分人都会认为，数学是深奥科目的典型代表。我用了“深奥”这个词，并不是说这门学科很难，而是说其涉及的知识非常专业，基本与人们的日常思维没有多大关系。

数学的深奥导致其在博雅教育中难以发挥作用。如果我们只是将其当作一种教学工具看待，大众的数学能力就必然会维持在一个非常低的水平。对此我非常担忧，也非常希望我们能够加强数学教育。要达到这一目的，我们要做的不是盲目地教授更多的数学知识，而是直面阻碍数学得到广泛运用的真正难题。

数学很深奥吗？从整体上来说，确实如此。人类的一般判断是可靠的。

从人们对数学的认识和课本上的数学知识看来，数学确实是深奥的。一般原理能演绎出无数个推论，而且每一个推论比上一个推论更加深奥难懂。我的任务不是为数学的深奥地位进行辩护。它已经是公认的深奥学科了。我想强调的是，数学令人着迷的地方，正是它难以被用作教学工具的原因。也就是说，从一般前提演绎推论出无穷无尽的推论，推论之间关系复杂，与最初前提的关系相距甚远，数学方法多种多样，具有抽象性的特征，这种抽象性能够带领我们通向永恒的真理。

当然，数学的这些特性对学生们来说都是无价的珍宝，自古以来吸引了许多顶尖的人才投身其中。然而我想指出的是，除了那些精挑细选的优秀学生，数学的这些特性是不适合运用到普通教学之中的。数学中充满了数不胜数的细节知识，看起来即与伟大理论无关，也与日常生活脱节，学生们对此只会感到不知所措。对教育而言，这种不断向学生灌输细节知识的方法是最无用的。

因此，如果想把数学运用到普通教育之中，我们就必须对教学内容进行严格的筛选和调整。当然我并不是说，不论投入多少时间，普通学生的数学造诣都无法得到很大的提高。不论他们在数学方面的进步多么微小，数学在各个发展阶段都是自然的，不是纯粹的思维游戏。因此，我们要将数学的某些特性严格地排除出去。我们不能让年轻的学生认为科学是深奥的，而是应该以简单直接的方式将重要的一般性原理传授给他们。

在数学教育改革方面，我们这一代教师取得了值得我们自豪的成就。我们的改革很有力，并且在如此短的时间内取得了出乎意料的成果。对公共考试背后确立已久的课程体系进行改革是一项艰巨的任务，其难度超乎人们的想象。

即便如此，我们还是取得了很大的进步。至少，我们打破了僵化落后的教学模式。我想向大家说明的是一个指导思想。我在前面其实已经说过了，那就是让教育中的数学科目不再晦涩难懂。

我们的课程应该以简单明了的方式向学生介绍一系列重要的知识，其他的细枝末节都应该被严格剔除。数学教育的目标是让学生熟悉抽象思维，明白如何将其运用到具体情形之中，并且掌握逻辑推理的一般方法。确立了这个理想目标后，我们就会知道，没有比盲目地增加课本中的定理更加糟糕的事情了。这些定理出现在课本中的唯一理由是，出题人能通过简单的题目对学生进行考查。课本的内容非常重要，必须清晰地阐明知识点。使用的例子要尽可能多，可以是抽象的特殊个例，也可以是具体的实际运用，但必须直接对定理进行阐释。在此我还想指出一点，如果考试中出现的案例依旧涵盖了很多深奥的细节知识，那我们对课本的简化就没有意义了。有人认为，习题能测试一个人的能力与天赋，而书本知识只能测试一个人有没有背课本。这种观点是错误的，至少以我的经验看来是错误的。只有那些为了奖学金而死记硬背的学生，才能得到好成绩。好的课本不应该根据错误的大纲，将零散知识拼凑在一起；而应该为学生提供丰富的直接案例，这样的课本比考试更能测试学生的能力。这也说明考试会对教学产生不良影响，但这都是题外话了。

数学的基础知识并不深奥。数学很抽象，但将数学纳入博雅教育中的主要目的之一就是训练学生掌握抽象概念的能力。这门科学中的抽象概念，是人类大脑很自然地以精确的方式接触到的第一批抽象概念。数学涉及数的关系、量的关系和空间关系，这不是一般的数学定义，更体现了数学的科学面向。不过我们现在讨论的是数学在教育中的作用。数的关系、量的关系和空间关系，这三种关系是互相关联的。

在教育中，我们要从特殊案例出发，然后上升到普遍原理。因此，学生们应该通过简单的例题来掌握知识的运用方式。在此我想指出一点：我们的目标不是盲目地让学生学会大量的数学定理，而是通过多年的教育，帮助他们意识数的关系、量的关系和空间关系，这些才是最为重要的。这种训练应该成为所有哲学思维形成的基础。事实上，以正确方法教授的基础数学，恰好能为学生提供这样的哲学训练，普通学生也能将其掌握。但是，我们要不惜一切代价避开那些毫无意义的细节知识。你可以为学生提供尽可能多的例题，让他们学习数个学期或者数年，但这些例题必须是对主要原理的直接阐释。只有这样，数学才不会变得过于深奥难懂。

但是，我所介绍的教学方法并不适用于以下两类人：想成为专业数学家的学生，和出于职业需要，必须掌握一定的数学细节知识的学生。我所讨论的是针对学生整体的博雅教育，而前面所提的两类学生也被囊括在其中。将数学广泛运用到教育中时，我们应该让学生通过实际案例学习简单的普遍定理。这类学习应该是自成一体的，与前面提到的专业学习完全区分开来，但其本身也能为专业学习打下良好的基础。在最终的学习阶段，学生们应该已经掌握课程中的一般定理。就我所知，目前处于数学教育最终阶段的学生应该能证明与三角形连在一起的圆的某些特性。这些特性是数学家感兴趣的。但是，这些是不是太过深奥了？它们与博雅教育的理想目标之间有什么关联吗？古典文化教育中，所有的语法课程最终都要学生阅读维吉尔和贺拉斯[①]，了解这些伟人的伟大思想。而数学教育的最终结果，是让学生明白九点圆[②]的属性，这样的结果真能让我们满意吗？能让我们为自己的学科终于在教育中占据一席之地而高兴吗？坦白说，这难道不是一种“倒退”吗？

我们这一代数学教师在数学教学的改革方面呕心沥血，所以我们要相信，自己可以通过课程体系的改革，为学生留下比三角形的“两解情况”[③]更为宝贵的知识财富。

接下来我想讨论在基础数学课程即将结束之时，如何为更优秀的学生制订复习计划。毫无疑问的是，我们要对所学过的知识进行整体回顾，但不用包含那些过于细枝末节的知识，而应该强调一般性概念及其在未来学习中的重要性。同时，我们还要将分析法和几何理论直接运用到实验之中，在物理实验室里，一些简单的实验力学课程已经系统学习过了。从这里可以看出，物理知识和数学知识是相辅相成的。

---

① 贺拉斯（Horace，公元前 65—公元前 8），古罗马诗人，主要作品有《歌集》4 卷，《讽刺诗集》2 卷，诗体《书简》2 卷。

② 九点圆，在任意的三角形中，三边的中点、三条高的垂足、三条高的交点与三角形顶点连线的中点，这九个点共圆，通常称这个圆为九点圆。——译者注

③ 两解情况，指在给定条件下，三角形会有两种解法的情况。——译者注

数学知识是力学定律精确公式化的基础。只有学好数学原理，学生们才能理解精确的自然法则，明白这些法则在实验中得到了多大程度的论证，并了解形成公式的抽象思维是如何成形的。整个过程需要我们详细展开，为学生提供充足的实例，光是抽象说明是不够的。

然而，如果我们在最终的复习阶段，将过多的精力投入对过往内容的直接阐释中，反而得不偿失。我的意思是，在课程的最后阶段，我们应该对课程内容进行筛选，将过往所做的所有数学练习背后的一般原理放在首位。我们可以通过引入新的学科来做到这点。例如，数与量的概念是所有精确思维的基础。在过去的阶段中，我们不会对它们进行严格的区分，学生们也不用在这两者上花费多大精力，便能直接进入代数的学习。但在课程的最终阶段，那些更为优秀的学生将通过思考量的基本属性而大有所获，从而进入数字度量的领域。该领域也有很多书籍能帮助学生学习。专家们将欧几里得《几何原本》的第五卷视为古希腊数学最重要的杰作之一。该卷介绍的就是这方面的知识。传统数学教育最为愚蠢的是，忽视了这本书的重要性。因为这本书谈的是数学理论，所以就被舍弃了。当然，要使用这本书，我们必须对其中的命题和论证进行仔细的筛选和修订，选出那些能代表其主要思想的命题。这本书不适合处于下游的学生，但会吸引那些更为优秀的学生。他们能对量的性质和测算量的方式进行有趣的探讨。教授这本书的时候，我们不应该夸夸其谈。不论在哪一个阶段，我们都应该通过具体的案例，向学生们展示哪些情况下存在量的特征，哪些情况下不存在，哪些情况下量的特征不明显、不确定。温度、热度、电流、喜悦与痛苦、质量与距离都能被考虑进去。

另一个需要阐述的概念是函数。数学分析中的函数相当于物理中的定律和几何中的曲线。学生在开始接触代数时，即画图表的时候，就学习过函数与曲线之间的关系。近年来，我们对图表教学进行了不少改革。但就目前阶段而言，我们的改革不是太过激进，就是不够彻底。光是画图表是不够的。图表背后的理论才是令其生效的关键，就好比持枪者不扣动扳机，枪就无法发射子弹一样。而目前，我们只是倾向于让孩子画曲线而已。这一问题有待解决。

在学习简单的代数函数和三角函数时，学生们其实在学习如何精确地表达物理定律。曲线是展示这些定律的另一种方式。我们不应该教授简单的基本法则，例如平方反比和直接距离，而应该教授运用简单的函数来表现物理定律的重要实例。在课程最后的复习阶段，我们可以将主要的微分知识运用到简单的曲线之中。变化率并不是一个很难理解的概念，x 的幂之间的区别，例如 x^2、x^3 等，都是很容易的知识点。在几何知识的帮助下，我们甚至能教会学生区分 sinx 和 cosx。如果我们不再将学生们无法理解也永远不会用到的定理强行教给他们，我们就有足够的时间将他们的注意力集中到真正重要的知识点上，让他们熟悉真正对思维有益的概念。

在结束关于物理定律和数学函数的讨论之前，我想再指出几点。那些无法通过观察彻底得到证明的精确定律，要解释起来并不困难，而且也有很多合适的案例。例如，统计规律，即对大量事件整体起作用的规律，是很容易就能学会的知识点。事实上，代数运用的最简单的例子之一，就是将基本的统计法运用到社会现象之中。

另一个帮助学生将所学知识归纳统一的方法就是学习数学史。学生们要学的，不是里面的时间和人名，而是各个时期的思想潮流，正是这些思潮决定了哪些理论在提出之时能吸引人们的注意力。我认为，这或许是实现我所追求的教学结果的最佳方式。

至此，我们提到了两个方面，即量的概念和自然规律，这都是博雅教育的数学课程应该涵盖的知识点。但还有一点不能忽视，那就是训练逻辑思维方法的主要方式。

那么，什么是逻辑方法呢？我们又该怎样培养这种思维方法？

要学好逻辑方法，光是了解各式各样的推理方法，并训练大脑掌握这些方法是不够的——不过能做到这两点就已经很难得了，因为在很久之前，人类大脑的演化不是为了逻辑推理，而是为了更多地捕获新鲜的食物。因此，很少有人能在没有大量练习的情况下，就拥有严密的逻辑。

但要成为一名擅长推理的人，或者让普通人了解推理的核心知识，光做到以上两点是不够的。推理的艺术需要我们从正确的角度看待事物，通过一般原理掌握事物的全貌，并不断整合事物周边的相关细节。人们必须通过不断的训练，认识宏观思想的重要性并将其牢牢抓住，才能成为优秀的推理者。我认为，几何比代数更适合用作这方面的训练。代数知识更为晦涩，而空间感则是人人都有的。而且，几何涉及的简化或抽象化，即将所有不相关的物质属性，例如颜色、风格和重量统统剔除，这本身也是一种需要培养的能力。此外，几何里的定义和有待证明的命题，要求我们必须对研究对象的各个基本事实和基本事实之间的关联有一个清晰的认识。所有这些，都还只是几何的浅显知识而已。当我们深入研究该学科的发展，我们会发现越来越多的亮点。学生们在刚刚接触几何时，不会遇到任何难以记忆的抽象知识。而在学习推理的初期，只要学习方法得当，学生们所遇到的知识大多也都是清晰易懂的，这些知识将带领他们完成每一阶段的学习。因此通过几何，学生们很快就能了解逻辑方法的核心。

现在，先不考虑普通学生接受能力有限和教学时间受到其他学科限制的问题，几何能为博雅教育带来怎样的帮助呢？我想向大家介绍一下几何学习的几个阶段，不过这些阶段并不一定就要按照我介绍的顺序进行。

第一个阶段中，我们要学习全等。实践中，如果几何图形在不断变化的外部条件下能保持内部特质的不变，我们就可以判定它们全等。然而，不论是什么样的全等，本质上都是两个空间区域点对点的对应，如此一来，所有的对应的距离与角都是相等的。需要注意的是，边与角的对等才是全等，而测量是否对等的方式，例如码尺，不过是帮助我们更轻松地判断图形是否全等的工具而已。我指出这点是希望大家明白，全等的重要性并不只是在于涉及的逻辑推理。这个概念本身便代表一种更为广阔、深远的概念，非常值得我们认真研究。全等涉及的命题能阐释三角形、平行四边形和圆形的基本特性以及两个平面图形之间的关系。不过在教学中，我们应该对证实了的命题进行严格筛选，去除那些多余的不言自明的命题，仅仅留下那些非常基础、非常重要的命题。

第二个阶段中，我们要学习相似性。这一阶段的教学中，我们可以只介绍三四个基本命题。相似性是对全等的扩充，也是两个空间之间点对点的对应。如果要对这一阶段的学习进行拓展，我们可以向学生介绍相似或位置相似的直线图形，研究它们的一两个简单特性。这一阶段的知识可以直接运用到平面图和地图的绘制中。不过我们要记住，要将主要理论用于实践，就必须掌握好三角学的原理。

第三阶段要学习的就是三角形原理。三角学研究的是相似图形的相互关系的特性和图形旋转的周期性问题。在这一阶段，我们会少量运用以数与量的研究为基础的代数分析法，这也是我们首次向学生介绍这一方法。我们要让学生们明白函数周期性有多重要。解三角形时，或者将解三角形的方法运用到测绘中时，我们只需运用函数的一些最为简单的特质。课本中密集出现的公式虽然很重要，但对几何学习毫无用处，所以我们在教学中要避开这些公式，除非学生能以它们为案例进行证明练习。

三角学的教学也表明了剔除公式的重要性。当然，我的判断也有可能是错误的。如果我们将三角学的教学限制在三角形的一个角上，并且去除与正弦、余弦和两角总和的多余公式，那么三角学就能很好地运用到教育之中。我们能通过绘制函数图来解三角形。如此一来，我们就能通过书本知识和例证，让学生们明白三角学的三个用途：1. 通过图像分析并展现全等和相似性的理论；2. 解决测量中遇到的主要问题；3. 掌握必要的基础函数以展示周期性和波动的特性。

如果我们想要拓展三角学的教学，就应该加入一些公式的学习。但我们也要注意，不要让学生专门学习遇到的公式，即不要让他们投入太多的时间与精力去熟练掌握那些公式。老师可能觉得运用案例予以讲解会很有趣，但那些都不是学生应该记住的知识点。而且，不论是在三角学还是在前面几个阶段的几何教学中，我们都应该剔除外切圆和内切圆的知识。这些知识本身没有什么问题，但对非专业的基础课程来说，这些知识是无用的。

如此一来，三角学的实际书本内容就被压缩到了比较好掌控的程度。几天前我听说有一所美国大学要求学生记住 90 个三角学的公式或推算结果。幸好我们的教育还没有差到那种程度。事实上，在三角学的基础教学中，我们几乎达到了初级课程的理想目标。

第四个阶段的学习内容是解析几何。由于代数学习中的图表部分已经涉及解析几何的基础概念，因此在这一阶段，我们只需要对课程内容进行严格筛选，通过方程式向学生们介绍直线、圆和三种圆锥曲线即可。对这一阶段，我想向大家指出，我们在教授数学知识的时候，不用将所有的知识都证明一遍。例如，在平面解析几何中，对二次方程的一般形式进行化简虽然超出了这一阶段大部分学生的接受能力，但这并不妨碍我们阐释圆锥曲线的基本内容，介绍各种类型的曲线。

我们应该将“几何圆锥曲线”划分为单独的科目进行教学。当然，在适当的情形下，如果我们能将一些简单图形的直接推论运用到解析几何中，那对我们的解析过程将有很大的帮助。但是几何圆锥曲线是从圆锥曲线以焦点和准线为基础的定义发展而来的，这便是几何圆锥曲线的致命缺点。它是非常深奥的。在这套理论中，圆锥曲线的基本定义是SP=e.PM，从这里开始就已经很不利于教学了。这个公式很晦涩，而且看起来毫无意义。我们为什么要学习这种曲线公式而不学习其他的曲线公式？但当我们开始研究笛卡尔[①]方法后，我们自然首先要考虑一次方程和二次方程式。

① 笛卡尔（Descartes，1596—1650），法国哲学家、物理学家、数学家、生理学家，解析几何的创始人。主要著有《形而上学的沉思》《哲学原理》《论世界》等。——译者注

在理想的几何教育中，第五阶段的内容应该是射影几何学，其基础概念包括交比和投影。投影是点对点关系的又一个案例，前面在全等和相似中我们已经提过这种对应关系。在这一阶段，我们同样要避开令人困惑的细节知识。

射影几何学就是要让学生明白如何通过推理证明图形射影中的关联关系和不变的图形性质。图形经过射影变换后，一些图形性质依然保持不变是射影几何学的重要知识点之一。交比是射影中涉及度量的基本不变量。我们在教学中选择的命题，应该让学生了解以下两个相互联系的过程。第一个过程是通过简化进行证明。这里的简化指的是心理上的简化而非逻辑上的简化，因为在一般案例中，逻辑上的简化是最为简单的简化。这里所选取的应该是我们最熟悉或最简单的案例，然后以此来证明命题。另一个过程是从已知的一般真理推断出具体案例，前提是我们能够发现这些案例，或者有评判标准来检验它们。

圆锥曲线的射影定义以及通过二次方程推导出的各类曲线都是很容易就能阐释清楚的，但这些其实都是射影几何学的边缘知识。我们只用来把这些知识教给学生，不用对其进行证明。

这里所介绍的几何教学内容并不多，但完全是理想化的几何教学，是永远也无法实现的。每一个阶段所涉及的书本上的数学推理知识都非常少。但我们要对这些知识进行详细讲解，让学生明白每个命题的重要性。为此，我们可以选择一些能展现各个几何领域思想的案例进行讲解或让学生自己去证明。如此一来，学生就能学会如何对空间的首要特性及其证明方式进行分析。

通过以上方式进行的数学原理教学能训练学生的逻辑思维，帮助他们了解科学和哲学研究的基本原理。如今，我们已经在数学教育改革上取得了惊人的成就，我们能否推进改革，将这些覆盖面更广、哲学性更强的思想纳入课程体系呢？坦白说，要以个人之力实现这一目标非常困难。由于我所提及的那些原因，所有的教育改革推行起来都十分困难。但只要我们齐心协力、坚持不懈，只要广大教师都认识到这一理想的教学模式，我们就能走得更远，最终实现惊人的改革成果。慢慢地，我们的教科书能得到优化，考试也不再像过去那样强调过于专业的知识。事实上，大多数教师都非常希望数学能不再因为刻板无趣而受人诟病。

第七章　大学及其作用

一

当今社会的一大特征便是大学的扩张。所有国家都在经历这一过程，美国在这方面尤其令人称赞。然而，福兮祸所伏，如果社会没有认识到大学应该在整个国家体系中发挥怎样的作用，那么大学的扩张，包括研究所的增加、规模的扩大以及内部组织的复杂化，都有可能导致大学教育的失效。那些更为发达的国家也应该注意这个问题，对大学的作用进行反思，尤其是美国。因为美国所引领的发展如果能得到良好的指引，或许能成为人类文明所取得的最为幸运的进步之一。

虽然每所大学的各个系科都面临无数的特殊问题，但本文只讨论最为宽泛的大学教育原则。而宽泛的原则也是需要例子来佐证的，所以我将以某所大学的商学院作为案例。我之所以选择商学院，是因为这类学院代表大学发展的最新成果。而且，商学院与现代国家的主要社会活动关系尤为密切，因此可以很好地展示大学应该对国民生计带来何种影响。在我有幸任职的哈佛大学，商学院正在建造一栋气势恢宏的教学楼，最近刚刚建好地基。

作为世界顶尖大学，哈佛如此大规模地建立了一所商学院，本身便是一大创举。它标志着过去数年美国大学建立类似学院的活动终于迎来高潮。高校界出现的这一新现象，不但反映了大学教育的目的，也反映了该目的对社会福祉来说有多重要。

商学院的建立极具创新性。大学教育从未拘泥于完全抽象的知识。意大利的萨莱诺大学是欧洲最古老的大学之一，该学校便专攻医学。英国的剑桥大学创建于 1316 年，其建立便是为了培养“为国王效力的文官”。大学培养了牧师、医务人员、律师和工程师。商业是一个知识密集型的产业，所以也属于大学教育的范畴，但其本身有其创新之处：课程规划和教学模式都还处于试验阶段。因此，在创建商学院时，借鉴其他学院初建时采用的一般性原则便显得尤为重要了。然而，由于我并不了解商学院的创办细节和相关政策，所以对这方面便不发表评论了。

二

大学致力于教育和研究，但其存在的主要原因并不仅仅在于所传递的知识和提供的研究机会。

如果只想实现上述的两种功能，我们完全不用耗费如此财力建立大学。书本更为便宜，学徒机制也广为人知。如果我们只是想要传递知识，那根本就不用建立大学，因为从 15 世纪开始便得到推广的印刷技术让知识的传递变得非常方便。而推动大学建立的主要动因出现于 15 世纪以后，并在近年来变得越来越强烈。

大学存在的原因是，使年轻人和老年人在富有想象力的学习中联合起来，从而在汲取知识和热爱生命之间建立联系。大学确实要传递知识，但应该以充满想象力的方式传递。大学应该对社会做出这样的贡献。没有做到这点的大学是没有存在的意义的。想象所带来的兴奋感能让知识不再枯燥。事实不再只是一个冷冰冰的事实，而是充满了无限可能的存在。事实也不再是记忆的负担，它充满了能量，就像我们梦中的诗人和向往的建筑师。

想象不能与事实相脱节：它是照亮现实的方式。它能归纳出适用于事实的普遍原则，然后对符合这些原则的可能性进行研究。它使人们构想出一个新的世界，以令人向往的目标保存人们对生活的热爱。

年轻人是充满想象力的。如果我们能通过训练强化他们的想象力，那么这种想象的力量将延续他们的一生。悲剧在于，拥有想象力的人没有多少实际经验，而拥有实际经验的人却缺乏想象力。愚蠢的人没有知识的支撑，只能痴人说梦；迂腐的人则拘泥于知识，无法体会想象力的精彩。大学的任务便是将想象力与经验融为一体。

刚开始培养年轻人的想象力时，我们不应该一开始就约束他们的想法。如果他们每天都必须保持事情井井有条，那么，他们就无法对事物获得公正的认识，无法从普遍原理中推断出理念上的多样性事例。无论想法是否正确，他们都必须拥有思考的自由，拥有体会世间百态的自由。

这些关于大学的一般功能的想法也适用于商学院。商学院的主要作用，便是培养热爱商业的人，对这点我们完全不用避讳。有人认为人类对生活的热爱，来自对狭隘的物质舒适度的普通追求，这其实是对人类天性的诽谤。人类开拓创新的本能和很多其他方面的特质，都证明这种想法是错误的。

现代社会结构复杂，人们生活的探险离不开对智力的探索。在社会构造更为简单的环境里，开拓者们可以遵从自己的直觉行事，就好比站在高山上远眺目标一样。但在复杂的现代社会，人们要对商业进行重组，就必须拥有分析能力和想象力。社会构造越简单，商业关系也会越简单，人们能直接面对面地交流，应对各式各样的现实情况。如今的商业结构则需要我们通过想象了解各式各样的人，这些人来自各行各业，分布于城市、深山、平原、海洋、矿山和森林之中。我们还需要借助想象力了解热带和温带的情况、各个大型企业之间的相关利益、社会整体在面对某个发生变化的元素时会做何反应。我们需要借助想象力了解政治经济法则，不只是抽象的法则，还包括如何将其应用于具体商业案例之中。我们需要了解一些政府的惯常做法，在各种情况下政府会做出哪些改变。我们需要借助想象力了解人类组织的凝聚力，体会人类天性的局限性以及满足培养忠诚感所需的条件。我们需要了解健康从何而来、疲惫从何而来以及如何保持持久耐力。我们需要借助想象力了解工厂的社会影响，明白每一门应用科学在现代社会中的作用。我们还应该敢于对别人说“好”或者“不”，不应该盲目固执地做选择，而应该理智评判相关替代性情况。

大学培养了文明的知识先驱——牧师、律师、政治家、医生、科学家和文学家。它孕育的理想带领人类直面所处社会的困惑。在美国定居的英国清教徒按照自己的宗教理想建立了一个新的社会，他们的早期成就之一，便是在现今的马萨诸塞州的剑桥市建立了哈佛大学。剑桥市的名字便来源于英格兰古老的剑桥大学，当时去往美国的清教徒们视之为理想的摇篮，很多人都曾在那里接受过教育。现代商业所需要的充满智慧的想象力，与过去在其他行业工作的人们所需具备的能力相同。而大学便是为欧洲民族的进步提供这类能力的组织。

大学起源于中世纪早期，其建立的具体原因无人知晓，也几乎无人在意。它们就这么循序渐进、自然而然地发展起来。但得益于它们的存在，欧洲才能在多个领域实现稳定、快速的发展。通过大学，人们将开拓行动和探索思维结合在一起。大学的成功是情理之中的——即便现在的大学充斥着人类的缺点，使人们无法理解其为什么会成功。当然，大学也有很多失败之处，但纵观历史，各地的大学都取得了令人瞩目的成功。意大利、法国、德国、荷兰、苏格兰、英格兰和美国的文化史都见证了大学的影响力。我所说的“文化史”指的并不是由学者主导，而是由凭借对生活的热爱，为法国、德国和其他国家的成就做出贡献，为我们的爱国情操打下基础的人所主导。我们都希望自己对社会有所贡献。

要获得更高的成就，人类面临着一个巨大的难题。在现代社会，这一难题变得越发危险。所有大型机构中的新人都必须遵从命令完成一成不变的工作。没有哪一家大型公司的总裁会在自己的办公室门口，将责任最为重大的工作交给年轻人去处理。年轻人只能例行公事，偶尔才会看见公司总裁进出公司。这类工作是很好的锻炼，它能传递知识，培养可靠的品质。刚刚步入社会的年轻人也只能做这样的工作。这种已经成为惯例的做法无可指摘，却会引发不幸的后果：长时间的常规工作将磨灭人的想象力。

如此一来，人们可能在职业生涯早期就失去了职业生涯后期所需要的能力。这也反映了一个常见的情况：我们只有通过特定的训练才能掌握必要的技能，而这类训练又会浇灭我们运用技能时所必需的想象力。在教育中，这是一个很关键的现象，也是大多数难题的起因。

为了让学生能胜任智力型行业——例如现代商业和其他较古老的职业的工作，大学应该教导学生以创造性的方式来看待该行业的各种普遍原则。如此一来，学生们在进入技能实习的阶段之前，就已懂得运用想象力将具体细节与普遍原则联系在一起。例行公事也因此变得有意义，并能体现赋予其意义的普遍原则。所以，在大学时接受过良好训练的职场新人便不会盲目地凭经验交差，而是能通过观察细节和养成必要的习惯，丰富自己的想象力。

因此，大学的作用应该是帮助学生以富有想象力的方式获取知识。如果大学做不到这一点，那从事商业和其他职业的人就完全可以不上大学，通过日常工作中的点滴积累来应对各类情况。无法培养想象力的大学是一无是处的。

三

想象力就像是一种传染病，你无法测量它的大小与重量，然后让老师们把它带到学生面前。只有那些本身具备想象力的老师才能将其传授给学生。我这么说其实是老生常谈。两千多年前，我们的先人就将知识比喻为代代相传的火炬。我所说的想象力，便是点燃的火炬。大学教师应该拥有这种能点燃知识的想象力。这是大学教育的核心问题。在最近兴起的大学扩张中，我们接收了大批的学生，也提高了大学活动的丰富性，这些成就值得我们引以为自豪。但如果我们不谨慎对待这个问题，那么大学的扩张可能会适得其反。

要将想象力与知识结合在一起，人们需要拥有一定的自由空间，不受约束，也没有烦恼；还需要拥有丰富的经验，并且通过与观点不同的人进行交流，以激发想象力的火花。

此外，人们还需要好奇心的驱动，并且对所处社会在知识进步方面的成就感到自信与自豪。我们不可能一劳永逸地获得想象力，然后将其永远放进冰箱保存起来。我们应该把知识和想象力运用到生活之中，而不是把它当作一种商品。

要将教育与研究结合在一起，大学就应该为高校的教师团队提供发挥想象力的条件。你希望你的教师们充满想象力吗？那就鼓励他们进行科研吧。你希望研究者们充满想象力吗？那就让他们与学生交流思想吧。因为那些年轻学生正处于最渴望知识、想象力最丰富的人生阶段，思维能力也刚刚进入成熟阶段。让你的研究者们将自己的想法分享给那些思维活跃、极富可塑性的年轻人；让你的学生与科研经历丰富的研究者进行接触，为他们的求学之路添砖加瓦。教育是为了帮助人们探索人生，科研则是探索知识。所以，大学应该是年轻人与前辈进行探索的场所。要实现教育的成功，我们应该为人们提供“新鲜”的知识，既可以是本身便带有创新性的知识，也可以是旧知识在新世界里得到全新运用的知识。知识的保质期甚至比不上海鲜。你所研究的可能是古老的知识与真理，但必须将其与当下社会结合，以“新鲜”的方式传递给学生，就像是刚从海中捞出的海鲜一样。

学者的作用应该是唤醒学生们生活中的智慧与美丽。没有他们的帮助，这些特质可能会随着时间的流逝成为过去。社会的进步仰仗于三种人群的努力——学者、探索者和发明者。还取决于拥有一定的研究能力、探索能力和创新能力的受过教育的大众。这里的“探索”指的是对具有高度普适性的真理的发掘；“发明”指的是将普遍真理根据当前需求运用到具体案例中。显然，这三种人群是互有交叉的，致力于实践的人只要对社会进步有所贡献，也能被称为“发明者”。但每个人的作用是有限的，需求也是不同的。对一个国家而言，真正重要的是将所有进步所必需的元素紧密结合在一起。如此一来人们所做的研究才能影响市场，市场的变化也能影响人们的研究。大学是将这些元素融合成一个促进进步的工具的主要场所。当然，它们并非唯一的场所，但如今，先进国家都拥有繁荣发展的大学。

大学在原创知识方面的产出，不应该以学生和教师署名发表的论文和著作来衡量。人们的生产方式多种多样，思想也各有千秋。一些思维最为活跃的人可能并不擅长写作和类似写作的活动。在每一所学校中，你都能发现有的老师非常优秀，但发表的作品却寥寥无几。他们的原创性体现在与学生的课堂互动中，或者与他人的讨论之中。这类人拥有极大的影响力，但当他们的学生都去世后，他们便同无数的人类贡献者一样被历史所遗忘。幸运的是，其中有一人获得了永垂不朽的地位，那就是苏格拉底。

因此，通过署名作品来衡量教师的价值是非常错误的做法。如今社会有陷入这一误区的趋势，我们必须抵制这一破坏教育效率、浇灭人们奉献精神的倾向。

要衡量一所学校的教育质量，应该看该校的教师整体以发表的形式做出了多少思想上的贡献。这里的贡献量应该以思想的重要性为指标，而不是以发表的字数为指标。

因此，大学教师队伍的管理和企业管理是不同的。只有当教师整体团结一心，对大学的目标抱有相同的热忱时，大学才能实现高水平的教学。教师团队应该由学者组成，他们能够互相激发灵感，自由地决定各类教研活动。你能给他们定下一些形式上的要求，例如限制课堂时间和师生的出勤率，但教研活动的核心内容不应该受到任何限制。

教师也应该受到公正的待遇。只要符合法律在工作量和薪酬方面的规定，任何组织都能雇佣任何人从事合法工作。人们也有权拒绝自己不愿意接受的岗位。

所以，大学教育的唯一问题是，怎样的环境才能造就一支优秀的师资团队实现大学的成功？组织一支高效但迂腐的、不合格的教研队伍是非常容易的一件事。大众也只有在数年之后，在该学校埋没了一批又一批年轻人才之后，才能发现师资团队的问题。

在民主国家中，现代大学体制要取得成功，当局者就不能以规范商务企业的条例与方针来规范大学，包括其中的商学院。最近，很多美国大学的校长都就这一话题公开发表了自己的观点，我也不再赘述了。然而，不论是在美国还是在其他国家，大众是否会遵循这些校长的建议还是个未知数。大学在教育方面的意义，在于通过想象力丰富的学者来影响年轻的学生。经验表明，我们必须着重关注能培养这类学者的必要条件。

四

无论从办学年份还是从社会地位来看，巴黎大学和牛津大学都是欧洲的两所顶尖大学。我以牛津大学为例，是因为我对自己国家还是更为了解的。很多年里，牛津大学也有过不尽如人意的地方，但即便如此，它还是保留了自己的一大优点。这一优点能掩盖它所有的失败，这个优点是，在数百年的办学历史中，它所培养的无数学者都是以充满创造力的方式来对待知识的。单是出于这一原因，所有热爱文化的人都会对它抱有深深的感情。

接下来我引用大洋彼岸美国的例子。《独立宣言》的作者杰斐逊先生成就非凡，堪称美国最伟大的人，甚至可位居历史伟人之列。他创建了弗吉尼亚大学，然后赋予它能激发想象力的氛围——美丽的建筑、绝佳的地理位置以及完善的教学设备和组织模式。

美国还有很多类似的大学，但我最后想举的例子还是哈佛大学，它是清教徒运动中最具代表性的大学。17 世纪和 18 世纪，美国新英格兰地区的清教徒是最具想象力的人，虽然他们外表上看起来严肃拘谨，对任何暗示肉体之美的象征性符号避之不及，但他们对宗教真谛的认识是极具智慧和想象力的。当时的清教徒教师一定也同样富有想象力，因为他们培养了很多世界知名的伟人。后来，当清教主义影响弱化，新英格兰迎来文学黄金时代，爱默生[①]、洛厄尔[②]和朗费罗[③]都

① 爱默生（Emerson，1803—1882），美国散文家、诗人。作品有《论文集》《代表人物》《英国人的性》等。——译者注

② 洛厄尔（Robert Lowell，1917—1977），美国诗人，20 世纪 60 年代后在哈佛大学任教。诗集《威尔利老爷的城堡》和《海豚》获普利策文学奖 。——译者注

③ 朗费罗（Longfellow，1807—1882），美国诗人，曾留学西班牙，长期在哈佛学院（今哈佛大学）任教，主要作品有诗集《夜吟》《 奴隶之歌》《候鸟集 》《伊凡吉琳》《 迈尔斯·斯丹狄士求婚记》。——译者注

在哈佛大学留下了自己的影响。之后，现代科学时代到来，哈佛大学的威廉·詹姆斯[①]也是典型的充满想象力的学者。

如今，哈佛引进了商学。这所学校能带给商学的礼物便是其古老的想象力，这是代代相传的薪火。这也是一份危险的礼物，因为它曾引发多场“火灾”。如果我们不能鼓起勇气直面这一危险，那我们的大学必然会走向衰亡。很多伟大的崇商民族都具备丰富的想象力，例如古希腊人、佛罗伦萨人、威尼斯人、充满智慧的荷兰人和满腹诗情的英格兰人。商业和想象力是共生的存在。所有国家都希望自己能拥有这份礼物，从而实现如古代雅典人一般的永恒成就：

> 她之公民，高贵威严，
> 统领当代，睥睨古今。[②]

美国教育，也应当抱有如此远大的理想。

---

① 威廉·詹姆斯（WIlliam James，1842—1910），美国哲学家、心理学家，实用主义主要代表之一，机能心理学创始人之一，哈佛大学医学博士。历任哈佛大学、英国爱丁堡大学教授。——译者注

② 引自英国诗人雪莱（Shelley，1792—1822）的《希腊颂》。——译者注

我们的目标，应该是让人们既拥有文化素养，也拥有某方面的专业知识。如此一来，他们便能以专业知识作为自我发展的基础，在文化素养的引领下，达到哲学的深度与艺术的高度。

我们要记住，自我发展才是有价值的智力开发，而这一过程主要发生在 16 岁到 30 岁之间。要实现自我发展，最重要的是母亲在孩子 12 岁之前对其进行的教导。

——阿尔弗雷德·诺思·怀特海